对外汉语本科系列教材

语言技能类　一年级教材

汉语教程 第3版
HANYU JIAOCHENG

第二册 下

杨寄洲 编著
杜 彪 英译

北京语言大学出版社
BEIJING LANGUAGE AND CULTURE
UNIVERSITY PRESS

图书在版编目（CIP）数据

汉语教程．2．下 / 杨寄洲编著 ；杜彪译．-- 3版．-- 北京 ：北京语言大学出版社，2016.10（2019.8重印）
ISBN 978-7-5619-4639-8

Ⅰ.①汉… Ⅱ.①杨… ②杜… Ⅲ.①汉语-对外汉语教学-教材 Ⅳ.① H195.4

中国版本图书馆CIP数据核字(2016)第232640号

汉语教程（第3版）第二册 下
HANYU JIAOCHENG (DI 3 BAN) DI-ER CE XIA

责任编辑：付彦白　　英文编辑：孙玉婷
插图绘制：丁永寿　李慧麟
排版制作：北京创艺涵文化发展有限公司
责任印制：周　燚

出版发行：北京语言大学出版社
社　　址：北京市海淀区学院路15号，100083
网　　址：www.blcup.com
电子信箱：service@blcup.com
电　　话：编辑部　8610-82303647/3592/3395
国内发行　8610-82303650/3591/3648
海外发行　8610-82303365/3080/3668
北语书店　8610-82303653
网购咨询　8610-82303908
印　　刷：北京中科印刷有限公司

版　　次：1999年8月第1版
2006年7月第2版
2016年10月第3版
开　　本：787毫米 × 1092毫米　1/16
印　　张：16.25
字　　数：261千字
印　　次：2019年8月第5次印刷
定　　价：42.00元

PRINTED IN CHINA

前　言

《汉语教程》是为来华留学的汉语学习者编写的一套综合汉语教材。1999 年初版，2006 年再版。十多年来，一直被国内外很多教学单位选作教材。编者满怀感恩之情，深知责任之重。

《汉语教程》出版后的十多年来，科技快速进步，经济迅猛发展，中国社会发生了巨大的变化。教材原有的某些内容和词汇显然已经过时，亟须更新和修订，以适应教学的需要。

因此，我们在《汉语教程》2006 年修订本的基础上又一次进行了修订。此次修订的原则是：

一、保持《汉语教程》原有的风貌，秉承其“好教、好学、好用”的优点。

二、以新内容和新词汇替换教材中已经过时的内容和词汇。

三、对教材中某些板块进行适当的调整和补充。

四、新增配套的《同步学习指导》，以更好地指导学习者学习、使用本教材。

第 3 版《汉语教程》共三册（每册含上、下两分册），76 课。可供设有本科学历教育的教学单位使用一年。非学历教育的教学单位，可以根据自己的教学对象和教学目标灵活使用。

具体说明如下：

适用对象：

零起点的初级汉语水平学习者。

课时要求：

第一、二册（50 课）供一年级第一学期使用，其中：

第一册（25 课）建议课时为：每课 2 学时（每学时 50 分钟）。

第二册（25 课）建议课时为：每课 4 学时。

第三册（26 课）供一年级第二学期使用，建议课时为：每课 6 学时。

本教程的指导思想是，对零起点的一年级学生，以语音、语法、词语、汉字等语言要素的教学为基础，通过课堂讲练，逐步提高学生听说读写的言语技能，培养他们用汉语进行社会交际的能力，同时也为他们升入二年级打下基础。

第3版《汉语教程》从内容到形式都有诸多新亮点。我们追求的目标仍然是让这套已有十余年历史的汉语教材更加“好教、好学、好用”，使其能更好地为汉语国际教育事业服务。

此次修订，我们在充分调研的基础上，听取了一些专家和教师的意见和建议，北京语言大学出版社也给予了大力支持，在此我们表示诚挚的感谢。

希望使用本教程的老师和同学们多提意见和建议，以便我们不断改进和更新。

编　者

2016年3月

Preface

Chinese Course is a series of comprehensive Chinese learning materials designed for international students studying in China. The first edition was published in 1999, and the second edition in 2006. Over the years, it has been used by many educational institutions in China and abroad. The authors are full of gratitude and aware of the responsibility they are shouldering.

The ten-plus years since the publication of *Chinese Course* has witnessed fast advances in science and technology, rapid economic development and tremendous changes in the Chinese society. Certain content and vocabulary in the original edition are apparently out-of-date, needing to be updated and revised to meet the needs of teaching and learning.

Therefore, based on the 2006 edition, we've made another revision following the principles below:

1. Keeping the original style of *Chinese Course* and its superiorities of being "easy to teach, learn and use";

2. Substituting new content and vocabulary for the outdated ones in the books;

3. Making proper adjustments and supplements to certain sections in the books;

4. Adding a matching *Learning Guide* to give students better directions for studying and using each book.

The third edition of *Chinese Course* is composed of three levels (each including sublevels A and B), 76 lessons in total. For institutions granting undergraduate degrees, it takes one year to finish; for non-degree-granting institutions, teachers can use the books flexibly based on their instructional targets and goals.

The specifics are as follows:

Targeted at:

Beginning- and elementary-level Chinese language learners.

Class hours:

Books 1 and 2 (50 lessons) are for the first semester of the first year. It is suggested that each of the 25 lessons in Book 1 take two class hours (1 class hour = 50 minutes) and each of the 25 lessons in Book 2 take four class hours.

Book 3 (26 lessons) is for the second semester of the first year. It is suggested that each lesson take six class hours.

The guiding concept of this series is to gradually improve the language skills of beginners in their first year in listening, speaking, reading and writing, to cultivate their Chinese communication abilities and meanwhile to lay a foundation for their study in the second year through classroom instruction and practice based on the teaching of linguistic elements such as pronunciation, grammar, vocabulary and Chinese characters.

The third edition of *Chinese Course* has many new highlights in terms of content and form. The goal we are striving for is still to make this over 10-year-old series of Chinese learning materials "easy to teach, learn and use" so that it can better serve the cause of international Chinese education.

This revision is based on a lot of research and the opinions and suggestions from experts and teachers and has received great support from Beijing Language and Culture University Press. We hereby express our sincere gratitude.

We look forward to opinions and suggestions from all the users, including teachers and students, which will help us keep improving and updating.

The authors

March, 2016

体例说明

《汉语教程》第一、二册的体例大致是：一、课文；二、生词；三、注释；四、语音、语法；五、练习。

一、课文

本教程第一、二册的课文以实用会话为主，也编写了一些叙述性短文。

课文是教材最重要的部分，也是课堂教学的主要内容。它是语法和词语的语用场，语法只是本教程课文编写的结构支撑，是一条暗线。离开课文，语法将无所依凭。初级阶段的汉语课堂教学，应该借助语法从易到难的有序性和渐进性，把句子的结构、语义和语用这三者结合起来。要让学生了解一个句子的使用语境；也要逐步让学生知道，在一定的语境中怎么用汉语表达。

我们的目的是以语法为指导去学习课文，通过朗读课文、背说、写话等教学手段，提高学生听说读写的言语技能和运用汉语进行社会交际的能力。课堂上要用主要的精力带领学生听课文、读课文和说课文。教材中的生词、注释和语法说明，都是为课文教学服务的。

二、生词

本教程第一、二册共出生词1600多个。选择这些生词时，充分考虑和照顾到了其常用性，而且每课都有一定的量的控制。课堂上要把生词放在句子中去讲练。因为只有句子和课文才能规定词义的唯一性。

三、注释

语音阶段的注释主要是汉语语音知识的基本介绍，语法句型阶段的注释主要是对一些小的语言点和文化背景知识的介绍和说明。对课文中已出现但暂不讲解语言点的句子，通过注释的译文让学生弄懂意思。

四、语音、语法

本教程用10课的篇幅集中进行语音教学。但严格说来，语音语调训练应该贯穿初级阶段课堂教学的全过程。语音训练的重要性，怎么强调都不过分。需要说明的是，到了句型、短文阶段，语音教学当然应该结合课文的朗读和背说来进行。我们在练习里设置的语音练习项目，只是起个提示作用。

本教程的语法不刻意追求系统性，但全书的语法安排是有章可循的，是严格按照由易到难、循序渐进的原则编排的。因此，如果不完成第一册和第二册的教学任务，进入第三册教学将是困难的。需要强调的是，我们这套教材主要借助汉语语法结构讲课文，以语法为指导，教学生说中国话。因此，语法的讲解力求简明扼要，从结构入手，重点阐释其语义和语用功能，教学生怎么运用语法去说、去写、去表达。课堂上，要通过图片、动作、电脑软件等各种形象直观的教学手段演示语法点，使学生感悟和理解每个语法点的意义、功能和使用语境，把语法、语境与交际紧密结合起来，提高学生运用汉语进行交际的能力。

五、练习

本教程的练习设计注意遵循理解、模仿、记忆、熟巧、应用这样一个言语学习和习得规律。练习项目包含了理解性练习、模仿性练习和交际性练习等，既考虑到了课堂教学的需要，也考虑到了自学者自学的需要。教师可以根据自己的教学实际灵活使用。教材中的客观性练习均提供了答案，放在《汉语教程》教材资源专区（www.blcup.com）中，供使用者参考。

对外汉语教学不同于母语教学的一点是，语言要素的教学不能孤立进行，语言要素教学过程本身就是言语技能和言语交际技能训练的过程。课堂上要师生互动，讲练结合。无论是语音教学，还是语法句型和词语短文教学，都要贯彻实践第一、交际为主的原则，精讲多练，这样才能收到良好的教学效果。

编　者

2016年3月

Introduction to the Structure

Each lesson in Books 1 and 2 of *Chinese Course* consists of five sections: text, new words, notes, phonetics/grammar, and exercises.

1. Text

Texts in Books 1 and 2 are in large practical conversations, interspersed with some narrative passages.

Texts are the most important part of the textbooks and the main content of classroom teaching. They are where grammar and vocabulary are used. Grammar is only the structural support for the writing of texts, an implicit line. Without texts, grammar will have nothing to be carried on. Classroom Chinese teaching at the elementary level should combine the syntactic structures, semantic meanings and pragmatic use of sentences through an orderly, gradual advance based on the difficulty of grammar. It is important to help students understand the context where a sentence is used and let them know gradually what to say in a certain context.

Our aim is for students to learn the text under the guidance of grammar and to improve students' language skills in listening, speaking, reading and writing as well as their Chinese communication skills by instructional means such as reading the text aloud, recitation and sentence writing. In class, teachers should concentrate their effort on leading students to listen to, read and retell the text. All the new words, notes and grammatical explanations are provided to serve the teaching of the text.

2. New Words

Books 1 and 2 list over 1,600 new words in total. When selecting these new words, we took full account of their frequency of use and controlled the number of them in each lesson. In class, explanation and practice of new words should not be isolated from sentences because only sentences and texts can define the specific contextual meaning of a word.

3. Notes

The notes at the stage of phonetics are mainly basics of Chinese phonetic knowledge, and those at the stage of grammar and syntax are mainly explanations of some simple language points and cultural background knowledge. As for the sentences that appear in the texts but the language points in them are not to be explained at the moment, the notes will help students understand their meanings by providing their translation.

4. Phonetics/Grammar

This series devotes 10 lessons to intensive phonetic teaching. But strictly speaking, pronunciation and intonation training should be provided throughout the whole process of classroom teaching at the elementary stage. The importance of phonetic training can't be stressed enough. It should be noted that coming to the stage of sentence patterns and short passages, phonetic teaching should certainly be conducted in combination with reading aloud, reciting and retelling the texts. The phonetic exercises included in the exercise section are only for prompting purposes.

Grammar in this series isn't necessarily systematic, but the arrangement of grammar points follows a set of rules, strictly observing the principle of a gradual increase in difficulty. Therefore, it will be difficult for teachers to start with Book 3 without finishing the teaching tasks in Books 1 and 2. It is noteworthy that in this series grammatical structures are the means by which texts are explained and students are taught to speak Chinese under the guidance of grammar. Because of that, grammatical explanations are made as concise and to the point as possible and focus on the semantic meanings and pragmatic functions of language structures, teaching students how to apply grammar in their speaking, writing and expression. In class, teachers should demonstrate the grammar points by various visual instructional means such as pictures, gestures and software to help students understand and grasp the meaning, function and context of each grammar point, create a close connection among grammar, context and communication, and improve students' Chinese communication ability.

5. Exercises

The design of exercises in this series follows the rule of language learning and acquisition that progresses from comprehension, imitation and memorization to mastery and application. The exercises fall into several types, including comprehension, imitation, communication, etc., catering to the needs of both classroom teaching and self-study. Teachers can use them flexibly based on the specific circumstances. All the exercises of objective questions are provided with answers, which can be found in the resource center of *Chinese Course* (at www.blcup.com).

One of the things that make CFL (Chinese as a foreign language) teaching different from first language teaching is that the teaching of language elements cannot be isolated from the training in language and communication skills. Classroom teaching is a process of teacher-student interaction and a combination of explanation and practice. For phonetic teaching and teaching of grammar, sentence patterns, words and expressions and passages alike, the priority should be given to practice and communication, and effort should be put more into practice than explanation. Only in this way can good teaching effects be achieved.

The authors

March, 2016

目 录

Contents

Dì-shísān kè
第十三课
Lesson 13

Wǒ de yǎnjìngr shuāihuài le
我的眼镜儿摔坏了
I've broken my glasses

一 课文 Kèwén Text

（一）要洗的照片选好了吗 13-1

（玛丽和麦克要选一些在长城照的照片去洗…… Mary and Mike are going to select some photos taken on the Great Wall and develop them...）

玛　丽：我们在长城照的照片选好了吗？下午去洗吧。

麦　克：还没选呢。咱们一起选吧。

玛　丽：快放到电脑上看看，照得怎么样。

麦　克：这些照得都非常好，张张都很漂亮。

玛　丽：这张没照好，人照小了。你再看看这张，眼睛都闭上了，像睡着了一样。

麦　克：这张怎么样？

玛　丽：不怎么样。

麦　克：这张照得也不太好，照虚了，一点儿也不清楚。

玛　丽：照得不好的都删了吧。这两张照得最好，像油画一样。放大几张吧。

麦　克：你看放成多大的？

玛　丽：放成十寸的就行了。

（二）我的眼镜儿摔坏了 13-2

（一个下雪天的早上，在办公室里，两个人在说城市交通问题…… Two people are talking about the city traffic in the office on a snowy morning...）

小　白：哎呀，差点儿迟到。

小　黄：是开车来的吗？

小　白：是，一下雪就堵车，又碰上一起交通事故，我的车在路上整整堵了二十分钟。

小　黄：你的眼镜儿怎么了？

小　白：别提了，今天倒霉得很。我刚出门就摔了一跤，眼镜儿也掉在地上摔坏了。

小　黄：你几点从家里出来的？

小　白：六点钟就从家里出来了，你看，快八点了才到。

小　黄：所以，我还是愿意骑车上班，骑车能保证时间，还可以锻炼身体。

小　白：可是，你别忘了，骑车的人太多，有的人又不遵守交通规则，也是造成交通拥挤的主要原因之一。今天的事故就是一辆自行车引起的。

小　黄：有汽车的人也一年比一年多，城市交通是一个大问题。我看最好还是赶快发展地铁。

二　生词 Shēngcí　New Words

13-3

1. 照	zhào	（动）	to take (a photo)
2. 选	xuǎn	（动）	to choose; to select; to pick out
3. 洗	xǐ	（动）	to develop (film)
4. 闭	bì	（动）	to close
5. 虚	xū	（形）	unclear; blurred
6. 删	shān	（动）	to delete
7. 油画	yóuhuà	（名）	oil painting
8. 放大	fàngdà	（动）	to magnify; to enlarge; to blow up
9. 寸	cùn	（量）	*a unit of length* (=1/30 meter)
10. 差（一）点儿	chà (yì) diǎnr	（副）	nearly; almost

11. 碰	pèng	（动）	to come across; to run into
12. 起	qǐ	（量）	*a measure word for accidents, etc.*
13. 事故	shìgù	（名）	accident
14. 整整	zhěngzhěng	（副）	full; whole
15. 眼镜（儿）	yǎnjìngr	（名）	glasses
16. 别提了	biétí le		don't mention it
17. 倒霉	dǎo méi	（形）	unlucky
18. 摔跤	shuāi jiāo	（动）	to have a fall; to lose one's balance
摔	shuāi	（动）	to fall; to tumble
19. 掉	diào	（动）	to drop
20. 地上	dìshang	（名）	on the ground
21. 上班	shàng bān	（动）	to go to work
下班	xià bān	（动）	to get off work
22. 保证	bǎozhèng	（动）	to guarantee
23. 遵守	zūnshǒu	（动）	to abide by
24. 规则	guīzé	（名）	rule; regulation
25. 造成	zàochéng	（动）	to cause; to bring about
26. 拥挤	yōngjǐ	（动、形）	to be crowded; crowded
27. 主要	zhǔyào	（形）	main
28. 原因	yuányīn	（名）	reason
29. 之一	zhī yī		one of
30. 引起	yǐnqǐ	（动）	to cause; to lead to
31. 赶快	gǎnkuài	（副）	hurriedly; quickly
32. 发展	fāzhǎn	（动）	to develop

三 注释 Zhùshì　Notes

1 差（一）点儿 nearly; almost

副词。在句中作状语。

It is an adverb and functions as an abverbial in a sentence.

1. 如果是不好的事情，表示几乎发生而没有发生，有庆幸的意思。后边的动词用肯定式或否定式，意思相同，都是表示没有发生。例如：

If the thing referred to is undesirable, this phrase is used to indicate that it nearly happened but didn't actually happen, and connotes a tone of being fortunate. The following verb may take either the affirmative or the negative form; the meanings are the same, indicating something did not happen. For example:

（1）今天早上，我差点儿迟到。/ 今天早上我差点儿没迟到。

（都是没有迟到）

（2）我差点儿摔倒。/ 我差点儿没摔倒。（都是没有摔倒）

2. 如果是好事，“差点儿”后面的动词用否定式时，表示最后实现了，有庆幸的意思。动词用肯定式时，表示最后没有实现，有惋惜、遗憾的意思。例如：

If it is something desirable, when the verb following “差点儿” is in the negative form, it indicates that something happened at last and connotes a rejoicing tone. When the verb is in the affirmative form, it indicates something did not happen eventually and connotes regret and pity. For example:

（1）只有这一个了，我差点儿没买到。（买到了）

（2）到我这儿正好卖完，我差点儿就买到了。（没买到）

（3）我差点儿没考上大学。（考上了）

（4）去年，他差点儿就考上了。（没考上）

2 别提了。 Don't mention it.

“别提了”的意思是别说了。表示某人或某事非常让人不满或苦恼，使说话人不愿说起，有感叹语气。例如：

"别提了" means "don't mention it (to me)". It is said when the speaker feels that someone or something is so unpleasant or annoying that he/she does not want to mention him/her/it again, carrying an exclamatory tone, e.g.

A：你怎么了？

B：嗨，别提了，昨天又拉肚子了。

3 今天倒霉得很。 Today is not my day.

副词"很"作补语表示程度高。例如：

When the adverb "很" is used as a complement, it emphasizes a high degree, e.g.

（1）听说北京的冬天冷得很。

（2）昨天的晚会开得好得很。

四 语法 Yǔfǎ Grammar

1 被动意义的表达：被动句 Indicating the passive voice: Passive sentences

汉语句子的主语可以是动作发出者，也可以是动作接受者。前者是主动句，后者是被动句。强调或说明动作对象怎么样时，可以用被动句。被动句的结构形式是：

The subject of a Chinese sentence may be either the agent or the recipient of an action. The former is an active sentence, and the latter is a passive sentence. If the object of an action is emphasized or focused on, a passive sentence is used. The structure of a passive sentence is:

受事主语＋动词＋其他成分 Subject (Recipient) + Verb + Other elements

（1）我的眼镜儿摔坏了。

（2）照片洗好了。

（3）你的自行车找到了吗？

（4）饭吃完了。

2 量词重叠 The reduplication of measure words

汉语的名量词和动量词都可重叠使用，表示“每一＋量词”的意思。例如：

Both nominal and verbal measure words in Chinese can be reduplicated to mean “every + measure word”, e.g.

（1）这些照片张张照得都很好。

（2）我们班的同学个个都很努力。

（3）他们跟我们班踢足球场场输。

3 一年比一年 year by year

“一年比一年”作状语，说明随着时间的推移，事物变化程度的递增。还可以说“一天比一天”。

“一年比一年” is used as an adverbial to indicate that the change of something increases in degree with the passage of time. A similar phrase is “一天比一天” (day by day).

（1）有汽车的人一年比一年多。

（2）来中国以后，我一天比一天胖。

五 练习 Liànxí　Exercises

1 语音 Phonetics 13-4

（1）辨音辨调　Distinguish the pronunciations and tones

zhǔyào	zhòngyào	yǎnjìngr	yǎnjing
chídào	zhīdào	shìgù	shīfu
bǎozhèng	bǎozhēn	yōngjǐ	yǐngjí
yuányīn	yuǎnyǐng	dìtiě	tǐtiē

（2）朗读 Read out the following phrases

好得很	坏得很	忙得很	快得很
疼得很	冷得很	热得很	虚得很

碰见了	碰坏了	碰疼了
眼镜儿摔坏了	杯子摔坏了	手机摔坏了
作业做完了	生词预习好了	课文读熟了
差点儿迟到	差点儿没迟到	差点儿摔坏
张张都很漂亮	人人都很忙	个个都很努力

2 替换 Substitution exercises

（1）A：怎么了？

B：眼镜儿 摔坏了。

杯子	摔破
照相机	摔坏
碗	摔破
头	碰破
手	碰破

（2）A：眼镜儿 摔坏了没有？

B：没有。

手	碰破
腿	摔疼
杯子	摔破
车	碰坏
手机	摔坏

（3）A：照片 洗好了吗？

B：洗好了。

饭	做好
作文	写好
书	借到
词典	买着
自行车	找到

（4）A：作业 做完了吗？
B：还没做完呢。/ 快做完了。

饭	做好
衣服	洗完
钱	用完
作文	写好
照片	洗好

（5）A：这张照片 照得怎么样？
B：不怎么样。

这张画儿	画
你的汉字	写
他的歌	唱
你的英语	说
这件衣服	做

（6）这张照片一点儿也不清楚。

这道题	不难
这个菜	不好吃
这件衣服	不贵
那本书	没有意思
这个电影	不好看

3 选词填空 Choose the right words to fill in the blanks

放大　赶快　造成　多　很　就　一样　摔　照　差点儿

（1）这张照片________得好极了。

（2）买汽车的人一年比一年________。

（3）这张照片请再给我________三张。

（4）我的眼镜儿都________坏了。

（5）我________没摔倒。

（6）一到下班时间路上________堵车。

（7）汽车太多是________交通拥挤的主要原因。

（8）最好的办法还是________发展地铁。

（9）最近我忙得________。

（10）这些照片张张都像油画________。

4 填结果补语 Fill in the blanks with complements of result

（1）衣服洗________了。

（2）作业做________了。

（3）钥匙找________了。

（4）自行车修________了。

（5）这篇课文我一点儿也没看________。

（6）杯子摔________了。

（7）你要的词典买________了。

（8）对不起，你的话我没听________，我正在听录音呢。

5 改错句 Correct the sentences

（1）照相机我不小心坏了。

____

（2）我已经完了今天的作业。

____

（3）上课完了我就去商店买衣服。

____

（4）我的自行车朋友借了。

____

（5）黑板（hēibǎn, blackboard）上的字你看见清楚了吗？

____

（6）那本书找了很长时间也不找到。

____

6 综合填空 Fill in the blanks

补充生词 Supplementary words

①	首都剧场	Shǒudū Jùchǎng	Capital Theatre
②	职员	zhíyuán	office clerk; staff member
③	打的	dǎ dī	to take a taxi
④	奇怪	qíguài	strange; odd
⑤	首都机场	Shǒudū Jīchǎng	Capital Airport
⑥	王府井	Wángfǔjǐng	Wangfujing, one of the most famous shopping streets of Beijing
⑦	哭笑不得	kūxiào-bùdé	to not know whether to laugh or to cry; to find sth. both funny and annoying

你去哪儿

我的一个朋友在首都剧场附近开①________一个小公司。那天很忙，职员们都没有吃午饭，她为了②________大家买吃的，就打的去了“麦当劳”（Màidāngláo, McDonald's），买好了饭就又打的③________回走。司机问她去哪儿，她说：“首都 jī 场。”司机奇怪地看了她一眼，但还是开车走了。走④________好长时间，我的朋友觉得不对，就⑤________司机说，错了。司机说没错，这就是去首都机场的路。朋友一听，坏了，忙说：“我不去首都机场，我去王府井的首都剧场。”司机说：“你刚才说的是去‘首都机场’。”我朋友这才知道自己发音有问题，只好对司机说：“对不起，我汉语说得不好，发音不清楚。”

回到公司，大家问她去哪儿⑥________，她⑦________大家讲了这件事，大家都笑了。

我想不少外国留学生都会碰⑧________这种叫人哭笑不得的事吧。要学⑨________汉语，发音是非常重要的。

7 交际会话 Communication

（1）修自行车　Having one's bike repaired

A：你的车怎么了？

B：轮胎（lúntāi, tyre）坏了，请给我修一下儿。

A：放这儿吧。

B：什么时候来取？

A：下午吧。

B：能不能快点儿？我下午要用。

A：那你中午来取吧。

（2）建议　Making a suggestion

A：咱们怎么去呢？

B：最好打的去。

A：还是骑车去吧，骑车不堵车。

B：好吧。

8 读后复述 Read and retell

补充生词 Supplementary words

① 得	děi	must; have to
② 平时	píngshí	usually; ordinarily; normally
③ 怕	pà	to fear; to be afraid of

早上起床一看，外边正在下雪，就想得早点儿出发。平时我一般七点才从家里走，今天怕迟到，六点钟就出来了。刚出门就摔了一跤，眼镜儿也掉在地上摔坏了。你说倒霉不倒霉。路上又碰上一起交通事故，我的车整整堵了二十分钟。快八点了才到办公室。差点儿迟到。

城市交通是一个大问题。骑自行车的人多，有汽车的人也一年比一年多；有的人又不遵守交通规则，这是造成交通拥挤的主要原因。小黄说，最好赶快发展地铁。我想也是。

9 写汉字 Write the characters

zhī	丶 ㇇ 之
之	
yǐn	㇕ ㇕ 弓 引
引	
bì	丶 丨 门 闩 闭 闭
闭	
yóu	丶 丶 氵 氵 汩 汩 油 油
油	
xū	丨 ⺊ ⺊ 广 卢 虍 虍 虎 虚 虚 虚
虚	
xuǎn	丿 ⺧ 牛 生 生 先 冼 冼 选
选	

jìng	镜
shuāi	摔
pèng	碰
zào	造
diào	掉
zūn	遵
shǒu	守
guī	规
zé	则
bǎo	保

Dì-shísì kè
第十四课
Lesson 14

Yàoshi wàng bá xialai le
钥匙忘拔下来了
I forgot to pull out the keys

一 课文 Kèwén Text

14-1

星期天，我和麦克一起骑车到图书城去买书。图书城离我们学校比较远。那天刮风，我们骑了一个多小时才骑到。图书城很大，里边有很多书店。每个书店我们都想进去看看。我们从一个书店走出来，又走进另一个书店。看到书店里有各种各样的书，我很兴奋。从这个书架上拿下来一本看看，再放上去，又从另一个书架上抽出来一本看看。我挑了几本历史书，麦克选了一些中文小说儿。快放寒假了，我们都想买一些书带回国去。

除了买书以外，我们还想买一些小礼品，带回去送朋友。于是我们又走进一家商场去。

这家商场里边什么商品都有。我买了一些京剧脸谱的小饰物，还买了一些丝织品。麦克买了很多漂亮的钥匙链儿，还买了不少小玩具，有小熊猫、小汽车什么的。他说，这些玩具带回去送给小朋友们，他们肯定喜欢。

售货员看我们买的东西多，不好拿，就给我们一人找了一个小纸箱。我们买的书和礼品正好都能放进去。

从商场出来，已经十二点多了。我和麦克走进一个小饭馆儿去吃午饭。我们要了一盘饺子和几个菜，吃得很舒服。

吃完饭，我们就骑车回来了。回到学校，我又累又困，想赶快回到宿舍去洗个澡，休息休息。我从车上拿下小纸箱。走进楼来，看见电梯门口贴了张通知："电梯维修，请走楼梯。"我住十层，没办法，只好爬上去。我手里提着一箱子东西，一步一步地往上爬。爬了半天才爬到十层。到了门口，我放下箱子，要拿出钥匙开门的时候，却发现钥匙不见了，找了半天也没有找到。啊！我忽然想起来了，钥匙还在楼下自行车上插着呢，我忘拔下来了。这时，我真是哭笑不得。

我刚要跑下楼去，就看见麦克也爬上来了，他手里拿的正是我的那串儿钥匙。

二 生词 Shēngcí New Words

14-2

1.	图书城	túshūchéng	（名）	book mall
	图书	túshū	（名）	book
2.	进去	jìnqu	（动）	to enter
3.	另	lìng	（代）	other; another
	另外	lìngwài	（代）	in addition; besides
4.	各种各样	gèzhǒng-gèyàng		all kinds of
	各	gè	（代）	various; different
	样	yàng	（量）	kind; type
5.	兴奋	xīngfèn	（形）	excited
6.	书架	shūjià	（名）	bookshelf
7.	下来	xialai	（动）	*used after a verb to indicate motion towards a lower or nearer position*
8.	抽	chōu	（动）	to take out from in between; to take a part of the whole
9.	挑	tiāo	（动）	to choose; to select; to pick out
10.	小说（儿）	xiǎoshuōr	（名）	novel
11.	放寒假	fàng hánjià		to take one's winter vacation
	放	fàng	（动）	to stop (study, work, etc.); to have a holiday
	寒假	hánjià	（名）	winter vacation
	暑假	shǔjià	（名）	summer vacation
12.	回去	huiqu	（动）	(*used after a verb to express a sense of returning*) back; to go back; to return
13.	除了……以外	chúle……yǐwài		besides; apart from

14. 礼品	lǐpǐn	（名）	present; gift
15. 于是	yúshì	（连）	so; hence; thereupon
16. 商场	shāngchǎng	（名）	shopping mall
17. 商品	shāngpǐn	（名）	commodity; goods
18. 脸谱	liǎnpǔ	（名）	facial makeup
19. 饰物	shìwù	（名）	articles for personal adornment; ornament
20. 丝织品	sīzhīpǐn	（名）	silk fabric
21. 钥匙链（儿）	yàoshiliànr	（名）	key chain
22. 玩具	wánjù	（名）	toy
23. 熊猫	xióngmāo	（名）	panda
24. 肯定	kěndìng	（副）	definitely
25. 售货员	shòuhuòyuán	（名）	shop assistant
26. 纸箱	zhǐxiāng	（名）	carton
纸	zhǐ	（名）	paper
27. 饭馆（儿）	fànguǎnr	（名）	restaurant
28. 盘	pán	（量）	plate; dish
29. 累	lèi	（形）	tired
30. 困	kùn	（形）	sleepy
31. 电梯	diàntī	（名）	lift; elevator
32. 维修	wéixiū	（动）	to maintain and repair
修	xiū	（动）	to repair
33. 楼梯	lóutī	（名）	stairs; stairway
34. 只好	zhǐhǎo	（副）	have to; cannot but
35. 提	tí	（动）	to carry (in one's hand with the arm hanging down)

36. 步	bù	（名）	step
37. 钥匙	yàoshi	（名）	key
38. 却	què	（副）	but; however
39. 忽然	hūrán	（副）	suddenly
40. 起来	qilai	（动）	*used after a verb to indicate the completion of an action*
41. 插	chā	（动）	to stick in; to insert
42. 拔	bá	（动）	to pull out; to pluck
43. 哭笑不得	kūxiào-bùdé		to not know whether to laugh or to cry; to find sth. both funny and annoying
44. 串（儿）	chuànr	（量）	string; bunch; cluster

三 注释 Zhùshì Notes

脸谱 facial makeup

中国京剧和其他戏曲中角色脸上画的各种图案，用来表现人物的性格和特点。

The characters in Peking opera and other forms of traditional Chinese operas have various patterns painted on their faces to show their temperaments and characteristics.

四 语法 Yǔfǎ Grammar

动作趋向的表达：复合趋向补语 Indicating the direction of an action: Compound complements of direction

趋向动词“上、下、进、出、回、过、起”加上“来”或“去”，放在另一动词后面作补语，叫复合趋向补语，表示动作的趋向。常用的复合趋向补语如下表：

When a directional verb such as "上", "下", "进", "出", "回", "过" and "起" is followed by "来" or "去" and placed after another verb to function as a complement, it is known as a compound complement of direction, indicating the direction of an action. The frequently-used ones are listed as follows:

	上	下	进	出	回	过	起
来	上来	下来	进来	出来	回来	过来	起来
去	上去	下去	进去	出去	回去	过去	

例如：e.g.

他跑进来了。

蝴蝶（húdié, butterfly）飞起来了。

他跑下去了。

"来 / 去"所表示的动作方向与说话人或所指事物之间的关系和简单趋向补语相同。例如：

The direction indicated by "来" or "去" and its relationship with the speaker or the thing referred to are the same as in the simple complement of direction, e.g.

（1）她走出学校去了。

（2）他跑回家来了。

（3）我买回来一本书。

（4）我们买的书和礼品正好都能放进去。

1. 动词有宾语时，如果宾语是表示处所的，一定要放在"来"或"去"之前。

If the verb is followed by an object denoting a place, the object must be placed before "来" or "去".

动词 + 趋向动词 + 宾语（表处所）+ 来 / 去 Verb + Directional verb + Object (denoting a place) + 来 / 去

例如：e.g.

（1）我看见他走进图书馆去了。

不能说：* 我看见他走进去图书馆了。

（2）她们一起走出教室去了。

不能说：* 她们一起走出去教室了。

（3）汽车开上山去了。

不能说：* 汽车开上去山了。

2. 如果宾语是表示事物的，可以放在“来”或“去”之后，也可以放在“来”或“去”之前。

If the object denotes a thing, it can be placed either before or after “来” or “去”.

动词 + 趋向动词 + 来 / 去 + 宾语（表事物） Verb + Directional verb + 来 / 去 + Object (denoting a thing)
动词 + 趋向动词 + 宾语（表事物）+ 来 / 去 Verb + Directional verb + Object (denoting a thing) + 来 / 去

例如：e.g.

（1）他从国外给我带回来一件礼物。

也可以说：他从国外给我带回一件礼物来。

（2）你看，我给你买回什么来了？

也可以说：你看，我给你买回来什么了？

（3）姐姐从中国发回来很多照片。

也可以说：姐姐从中国发回很多照片来。

3. 如果动词不带宾语，“了”可以放在动词之后，补语之前，也可以放在句尾。

If the verb is not followed by an object, “了” can be placed between the verb and the complement or at the end of the sentence.

动词 + 了 + 复合趋向补语 Verb + 了 + Compound complement of direction
动词 + 复合趋向补语 + 了 Verb + Compound complement of direction + 了

例如：e.g.

（1）刚一下课，同学们就都跑了出去。

也可以说：刚一下课，同学们就都跑出去了。

（2）看见老师走进教室，大家都站了起来。

也可以说：看见老师走进教室，大家都站起来了。

4. 如果动词后有表示处所的宾语，"了"应该放在句末。

If the verb is followed by an object denoting a place, "了" is placed at the end of the sentence.

动词 + 趋向动词 + 宾语（表处所）+ 来 / 去 + 了 Verb + Directional verb + Object (denoting a place) + 来 / 去 + 了

例如：e.g.

（1）他们都爬上山去了。

（2）他们走下楼去了。

5. 如果动词后有表示事物的宾语，"了"应该放在复合趋向补语之后，宾语之前。

If the verb is followed by an object denoting a thing, "了" is placed after the complement and before the object.

动词 + 复合趋向补语 + 了 + 宾语（表事物） Verb + Compound complement of direction + 了 + Object (denoting a thing)

例如：e.g.

（1）我给你买回来了一件羽绒服。

（2）我给朋友寄回去了一本介绍中国的书。

五 练习 Liànxí Exercises

1 语音 Phonetics 14-3

（1）辨音辨调 Distinguish the pronunciations and tones

jìnqu	jìnqǔ	shūjià	shǔjià
yàoshi	yàoshì	yúshì	yíshì
yǐngxiàng	yìnxiàng	zhǐhǎo	chīhǎo

（2）朗读 Read out the following phrases

放上去　放下来　走进去　走出来　带回去　带回来
拿过去　拿过来　爬上去　跑下来　挑出来　拔下来
爬上楼去了　走下楼来了　走进教室去了　走出学校去了
寄回国去了　骑回学校来了　跑过马路去了　飞回美国去了

2 替换 Substitution exercises

（1）A：咱们走下去吧。
B：好吧。

跑上去	拿下去
拿出去	带回去
放进去	送上去

（2）A：他买回来了什么？
B：他买回来了一些小饰物。

带回来	一本杂志
发回来	几张照片
寄过来	一些丝织品
送上来	一些小玩具
买回来	一些钥匙链儿

（3）A：他从箱子里拿出来了什么？
B：他从箱子里拿出来了一些京剧脸谱。

飞机上	提下来	一个箱子
地上	捡起来	一把钥匙
书店	买回来	一本小说儿
汽车里	拿出来	一箱啤酒
商场	买回来	一些小饰物

（4）A：麦克去哪儿了？
B：我看见他走出校门去了。

走进食堂	跑上楼
跑下楼	走进商场
爬上山	走回宿舍

（5）A：你的钱取回来了没有？
B：还没有呢。

车钥匙	拔下来
杂志	取出来
电脑	买回来
书	拿上来
邮件	发过去
词典	寄出去

3 选词填空 Choose the right words to fill in the blanks

除了　于是　只好　各　兴奋　哭笑不得　回　另　寒假

（1）收到他给我发来的邮件，我非常________。
（2）我想买一些书带________国去。
（3）________买书，我还想买一些小礼品。
（4）他想让我跟他一起去书店，________我就跟他去了。
（5）我们从一个商场出来，又去了________一个商场。
（6）很快就要放________了。
（7）因为没得到奖学金（jiǎngxuéjīn, scholarship），我________回国。
（8）语言大学的学生主要是从世界________国来的留学生。
（9）这种事真让人________________。

4 选择下列词组填空 Fill in the blanks with the following phrases

A. 从楼下　从书架上　从书包里　从中国　从图书馆
从国外　从书店　从商场　从外边　从香港

（1）________________买回一本词典来。
（2）________________借回一些中文小说儿来。

（3）________拿出来一本中国历史书。

（4）________拿下来一本杂志。

（5）________买回一些玩具。

（6）________给你带回一点儿礼物去。

（7）________寄回一本词典来。

（8）________提进来一个箱子。

（9）________提上来一箱子书。

（10）________给我寄来一件生日礼物。

B. 拿起来　抽出来　拿下来　找出来　拿出来
取出来　捡起来　买回来　送上来　取回来

（1）他从手提包儿里________一本护照。

（2）玛丽从银行________五百美元。

（3）妈妈寄的礼物你________了吗？

（4）麦克从商场________一辆自行车。

（5）服务员从楼下________一束（shù, bunch; bouquet）花儿。

（6）她从箱子里________一件羽绒服。

（7）他从楼上________一个纸箱子。

（8）我从地上________一个钱包儿（qiánbāor, wallet; purse）。

（9）他从桌子上________一副（fù, pair）眼镜儿。

（10）张东从书架上________一本书。

5 在空格里填入适当的复合趋向补语 Fill in the blanks with appropriate compound complements of direction

（1）我们爬了半个多小时，才爬________，往山下一看，风景漂亮极了。

（2）小心点儿，别掉________。

（3）她不小心，从楼梯上摔________，腿摔坏了。

（4）太累了，我们找个地方，坐________休息一会儿吧。

（5）我看见前边走________一个人，就走________问她去图书城怎么走。

（6）你别下来了，我给你拿________。

（7）她从口袋里拿________一个钱包儿，又从钱包儿里拿________三千块钱，放在我手里，说："快给你妈妈寄________吧，看病要紧（yàojǐn, important）。"

（8）"救命（jiù mìng, to save sb.'s life）啊！有人掉________水里________了！"听见喊（hǎn, to cry out; to shout）声，他很快脱（tuō, to take off）下上衣，跑了________。人们看见他跳________水________，向那个孩子游了________。

6 指出说话人在哪儿 Describe the location of the speaker in each sentence

例：衣服从楼上掉下来了。	说话人在：下边。

（1）你看，他跑过去了。　　说话人在：________

（2）您的行李（xíngli, luggage）已经给您搬上来了。

说话人在：________

（3）他的车开进来了。　　说话人在：________

（4）我们走上去吧。　　说话人在：________

（5）书他已经提上去了。　　说话人在：________

（6）你要的电脑我已经买回来了。　　说话人在：________

（7）她们爬上山去了。　　说话人在：________

（8）钱我已经取回来了。　　说话人在：________

7 看图说话 Describe the pictures

8 改错句 Correct the sentences

（1）上课十分钟他才走进来教室。

____

（2）我看见她走出去图书馆了。

____

（3）孩子看见我，就向我跑过去。

____

（4）他从箱子里拿出去一件羽绒服。

____

（5）我们的飞机马上就飞上去天了。

____

（6）妈妈病好了以后，我就送她回去家了。

____

9 综合填空 Fill in the blanks

补充生词　Supplementary words

① 泰山	Tài Shān	Mount Tai
② 缆车	lǎnchē	cable car
③ 登	dēng	to ascend; to climb
④ 一览众山小	yì lǎn zhòng shān xiǎo	to hold all the mountains in a single glance
⑤ 日出	rì chū	sunrise
⑥ 太阳	tàiyáng	sun

⑦	一下子	yíxiàzi	in a short while; all at once; all of a sudden
⑧	跳	tiào	to jump
⑨	美	měi	beautiful
⑩	曲阜	Qūfù	Qufu, the hometown of Confucius
⑪	孔庙	Kǒng Miào	Temple of Confucius
⑫	孔林	Kǒng Lín	Cemetery of Confucius
⑬	情况	qíngkuàng	situation; condition
⑭	山东大学	Shāndōng Dàxué	Shandong University
⑮	热情	rèqíng	warm-hearted; enthusiastic

罗兰：

你好。我已经到了泰山，我是爬上①________的，没有坐缆车。登上泰山，真有"一览众山小"的感觉。我还在山上住了一夜，等第二天早上看日出，能站在泰山上看日出，我很高兴。当我们看到太阳一下子跳②________的时候，都兴奋地大声叫了起来，真是美③________了。下午，我又从泰山上走④________了。明天我要去曲阜参观孔庙和孔林。到那儿以后再给你介绍曲阜的情况。这次来旅行我很愉快，山东大学的朋友很热情，给了我很多帮助。

这是我用手机照的泰山日出，发给你看看。

祝好

丹尼丝

7月28日

10 交际会话 Communication

（1）叫快递　Calling a courier company

（打电话 On the phone）

A：喂，快递公司（kuàidì gōngsī, courier company）吗？

B：是！

A：我这里有个快件（kuàijiàn, express mail），您能不能过来取一下儿？

B：您是哪里？

A：留学生公寓（gōngyù, apartment block）1208号。

B：好！我马上过去。

（留学生公寓门口 At the entrance of the international students' dormitory）

B：这里边是什么？

A：一本书，一块丝头巾（tóujīn, scarf; head wrap）。

B：送到哪里？

A：外交（wàijiāo, diplomacy）公寓。

B：请填（tián, to fill in）一下儿这张单子（dānzi, form）。

A：这样填可以吗？

B：可以。

A：今天能送到吗？

B：没问题，肯定送到。

A：多少钱？

B：10块。

（2）送礼物　Giving a gift

A：大卫，我从中国给你带回了一件小礼物。

B：什么礼物？

A：你打开盒子（hézi, box），拿出来看看。

B：啊，小熊猫！

A：喜欢吗？

B：喜欢！谢谢叔叔（shūshu, uncle）！

11 写汉字 Write the characters

gè	各	丿 ク 夂 夂 各 各
tiāo	挑	一 十 扌 扌 扌 扌 挑 挑 挑
chú	除	阝 阝 阝 阶 阶 险 除 除 除
chōu	抽	一 十 扌 扌 扣 扣 抽 抽
lìng	另	丨 冂 口 号 另
zhǐ	纸	乙 乡 纟 纟 纟 纸 纸
lèi	累	丨 冂 冂 田 田 田 罒 累 累 累 累
kùn	困	丨 冂 冂 闩 闲 困 困

xiū	丿 亻 亻 化 伦 攸 修 修 修
修	
tí	一 十 扌 扌 扣 扣 护 担 捍 提 提 提
提	
pá	丿 厂 厂 爪 爪 爬 爬 爬
爬	
yào	丿 𠂉 𠃊 乍 钅 钊 钥 钥 钥
钥	
shi	丨 冂 日 日 旦 早 早 是 是 匙 匙
匙	
què	一 十 土 去 去 却 却
却	
chā	一 十 扌 扌 扌 扦 扦 扦 插 插 插 插
插	
bá	一 十 扌 扌 扩 抄 拔 拔
拔	
kěn	丨 卜 止 业 肯 肯 肯 肯
肯	

Dì-shíwǔ kè
第十五课
Lesson 15

Huìyìtīng de mén kāizhe ne
会议厅的门开着呢
The door of the conference hall is open

一 课文 Kèwén Text

（一）会议厅的门开着呢 15-1

（玛丽和麦克到会议中心去找一个朋友，他们在前台问服务员…… Mary and Mike are going to the conference center to look for a friend. They are asking the front desk clerk...）

玛　丽：请问，刚才进去一位女士，你看见没有？

服务员：什么女士？长得什么样？

玛　丽：她个子高高的，大概有一米七左右，黄头发，大眼睛，戴着一副眼镜儿。上身穿着一件红色的西服，下边穿着一条黑色的裙子。

服务员：是干什么的？

玛　丽：是电视台的主持人。

服务员：后边是不是还跟着两个小伙子，扛着摄像机？

玛　丽：对。

服务员：会议厅的门开着呢，你们进去找吧。

玛　丽：里边正开着会呢吗？

服务员：没有。你们看，是不是手里拿着麦克风，对着摄像机讲话的那位？

玛　丽：对，就是她。他们正等着我们呢。

服务员：你们进去吧。

玛　丽：谢谢啦！

服务员：不客气。

（二）墙上贴着红双喜字 15-2

（麦克参加了一个中国朋友的婚礼…… Mike attended a Chinese friend's wedding...）

玛　丽：你昨天去哪儿了？

麦　克：张东带我去参加了一个中国人的婚礼。

玛　丽：怎么样？听说中国人的婚礼很热闹。

麦　克：是！我是第一次参加这样的婚礼。屋子里挂着大红灯笼，墙上贴着一个很大的红双喜字。桌子上摆着很多酒和菜。新娘长得很漂亮，穿着一件红棉袄，

头上还戴着红花。新郎是一个帅小伙儿，穿着一身深蓝色的西服，系着红领带。他

们笑着对我们说："欢迎！欢迎！"新娘热情地请客人吃糖，新郎忙着给客人倒喜酒。孩子们不停地说着、笑着，热热闹闹的，气氛非常好。

玛　丽："喜酒"是什么酒？

麦　克：结婚时喝的酒中国人叫喜酒，吃的糖叫喜糖。所以，中国人要问"什么时候吃你的喜糖啊"，就是问你什么时候结婚。

玛　丽：是吗？

二 生词 Shēngcí New Words

15-3

1. 女士	nǚshì	（名）	lady; madam
2. 服务员	fúwùyuán	（名）	waiter/waitress; service staff
3. 长	zhǎng	（动）	to look; to appear
4. 样（子）	yàng(zi)	（名）	appearance
5. 个子	gèzi	（名）	height; stature

6. 左右	zuǒyòu	（名）	(*used after a numeral to indicate an approximate number*) about; or so
7. 戴	dài	（动）	to wear (accessories)
8. 着	zhe	（助）	*indicating the continuation of an action or a state*
9. 副	fù	（量）	pair
10. 穿	chuān	（动）	to wear (clothes)
11. 西服	xīfú	（名）	Western suit
12. 裙子	qúnzi	（名）	skirt
13. 干	gàn	（动）	to do
14. 主持人	zhǔchírén	（名）	presenter; archorperson
主持	zhǔchí	（动）	to host; to preside over
15. 小伙子	xiǎohuǒzi	（名）	young man; lad
小伙儿	xiǎohuǒr	（名）	young man; lad
16. 扛	káng	（动）	to carry (on one's shoulder); to shoulder
17. 摄像机	shèxiàngjī	（名）	video camera
18. 会议厅	huìyìtīng	（名）	conference hall; assembly hall
厅	tīng	（名）	hall
19. 麦克风	màikèfēng	（名）	microphone
20. 讲话	jiǎng huà	（动）	to speak; to talk
21. 婚礼	hūnlǐ	（名）	wedding
22. 热闹	rènao	（形）	lively; bustling
23. 挂	guà	（动）	to hang
24. 灯笼	dēnglong	（名）	lantern
25. 墙	qiáng	（名）	wall
26. 双	shuāng	（形）	two; double

27. 喜	xǐ		happy; celebratory
28. 摆	bǎi	（动）	to put; to place
29. 新娘	xīnniáng	（名）	bride
30. 棉袄	mián'ǎo	（名）	cotton-padded jacket
31. 新郎	xīnláng	（名）	bridegroom
32. 帅	shuài	（形）	handsome
33. 系	jì	（动）	to tie
34. 领带	lǐngdài	（名）	necktie
35. 热情	rèqíng	（形）	warm-hearted; enthusiastic
36. 客人	kèrén	（名）	guest
37. 倒	dào	（动）	to pour
38. 停	tíng	（动）	to stop
39. 气氛	qìfēn	（名）	atmosphere; ambience

三 语法 Yǔfǎ Grammar

动作的进行或状态的持续：动词 + 着 Indicating the continuation of an action or a state: Verb + 着

动词后边加动态助词“着”，主要用于表示动作的进行或状态的持续。交际中主要用于描写。例如：

If a verb is followed by the aspect particle “着”, it indicates the continuation of the action or state. In communication, it is used for description, e.g.

（1）同学们走着，说着，笑着，可热闹啦。

（描写动作的进行并持续的状态）

（2）他正往墙上贴着红双喜字。

（表示动作“贴”在进行并持续的状态）

（3）墙上贴着红双喜字。

（动作“贴”进行后，红双喜字处于“贴着”的状态）

（4）她正在里面穿着衣服呢，请等一会儿。

（动作“穿”在进行并持续的状态）

（5）她穿着一件红西服。

（“穿”的动作完成后，红西服处于“存续”的状态）

“动词＋着”的否定式是“没（有）＋动词＋着”，交际中较少用。例如：

The negative form is “没（有）+ verb + 着”, but it is not often used, e.g.

（1）老师没在前面坐着，他站着呢。

（2）教室的门没开着。

（3）书上没写着名字，不知道是谁的书。

“动词＋着”的正反疑问式是“动词＋着（＋宾语）＋没有”。例如：

The affirmative-negative question form of “verb +着” is “verb + 着（+ object）+ 没有”, e.g.

（1）门开着没有？

（2）墙上挂着地图没有？

“动词＋着”用于连动句的第二个动词前，用来说明第二个动作进行时的状态或方式。例如：

“Verb + 着” may also be used before the second verb in a serial verb construction to describe the state or manner of the second action, e.g.

（1）她正在前边站着讲话呢。

（2）她笑着对我说：“欢迎！欢迎！”

（3）那里离这儿不远，我们走着去吧。

“动词＋着”常和“正在”“正”“在”“呢”等词连用。

“Verb + 着” is often used together with “正在”, “正”, “在”, “呢”, etc., e.g.

（1）里边正上着课呢。

（2）她来时，我正在躺（tǎng, to lie on one's back）着看书呢。

四 练习 Liànxí Exercises

1 语音 Phonetics 15-4

（1）辨音辨调 Distinguish the pronunciations and tones

huìyì	huíyì	nǚshì	lǜshī
hūnlǐ	shùnlì	rènao	rěnǎo
bù tíng	bù tīng	qìfēn	qìfèn

（2）朗读 Read out the following phrases

倒酒 倒水 倒茶 倒咖啡

听着 看着 说着 坐着 走着 笑着 站着 等着 玩儿着
拿着 放着 摆着 挂着 穿着 戴着 贴着 躺着 提着

挂着灯笼	挂着地图	挂着衣服	挂着画儿
穿着西服	穿着裙子	戴着手表	戴着眼镜儿
带着照相机	带着护照	带着孩子	带着学生
做着作业	打着手机	上着课	吃着饭
坐着听课	站着上课	走着过去	笑着回答

2 替换 Substitution exercises

（1）A：会议厅的门开（关）着吗？
B：开着呢。（关着呢。）

学校大门	教室的门
屋子里灯	你的手机
里边的电视	你的电脑

（2）A：她在干什么呢？
B：她正对着麦克风讲话呢。

站着	讲课
等着	买票
坐着	喝咖啡
笑着	跟朋友谈话
躺着	看书
戴着耳机	听音乐

（3）A：她穿着什么？
B：她穿着一件红色的西服。

穿着	一条	黑裙子
穿着	一件	红棉袄
提着	一盒	点心
戴着	一副	眼镜儿
扛着	一个	摄像机
拿着	一个	照相机

（4）A：屋子里挂着什么？
B：屋子里挂着大红灯笼。

墙上	贴着	一个红双喜字
教室里	贴着	中国地图
门口	摆着	很多花儿
桌子上	放着	一盒点心
马路边	停着	两辆汽车
汽车里	挂着	一件小饰物

（5）她在认真地看书。

认真	听课
高兴	聊天儿
热情	给客人介绍
努力	学习汉语
愉快	唱歌
不停	拍照

3 选词填空 Choose the right words to fill in the blanks

气氛	戴	样	开	挂	摆	笑	西服

（1）她________着一副眼镜儿。

（2）他女朋友长什么________？

（3）里边正________着教学研讨会呢。

（4）穿蓝________的那位就是我的老师。

（5）会上，大家在认真地讨论着，会议的________很好。

（6）房间的墙上________着一张油画。

（7）我的桌子上________着全家的照片。

（8）她对人很热情，总是________着跟人说话。

4 用"动词＋着"填空 Fill in the blanks with "verb + 着"

（1）我看见她在一张桌子前________，跟对面的一个人高兴地________茶，________话。

（2）王老师正在教室前边________上课呢。

（3）A：你忙什么呢？

B：我正________饭呢。

（4）慢点儿，别着急，我们________你。

（5）A：玛丽怎么没来？

B：我刚给她打过电话，她已经出门了，现在可能正在路上________呢。

（6）这家门前________一个红双喜字。

（7）他的上衣前面________几个汉字——"不到长城非好汉"。

（8）我________一纸箱子东西一步一步地往楼上爬。

5 用“了”“着”“过”填空 Fill in the blanks with “了”, “着” or “过”

（1）昨天的晚会上，玛丽唱________一首歌。

（2）她去年来________一次中国，今年又来________。

（3）很多父母带________孩子来参观这个展览。

（4）我只去________一次北京，还没去________上海。

（5）我给你买来________一件生日礼物，不知道你喜欢不喜欢。

（6）这个地方我们以前没来________。

（7）我们下________课就去买票吧。

（8）她穿________一条红裙子。

6 改错句 Correct the sentences

（1）他吃了饭就躺着床上。

____

（2）我一进他的房间就看见挂着墙上的画儿。

____

（3）他已经病着一个多星期了。

____

（4）我们坐着房间里谈话。

____

（5）中国的商店星期日也不关着门，非常好。

____

（6）她穿着一件红大衣在身上。

____

7 综合填空 Fill in the blanks

补充生词 Supplementary words

①	讲台	jiǎngtái	platform; rostrum
②	保重	bǎozhòng	to take care
③	铃	líng	bell
④	椅子	yǐzi	chair
⑤	班长	bānzhǎng	class monitor
⑥	激动	jīdòng	excited

王老师已经好几天没有①________我们上课了，因为他生病住院了。老师住院以后，我们班的学生都去医院看②________他。我们都希望老师能早点儿好，因为我们觉得他是个好老师，对我们就像对自己的儿女一样。

今天早上，我③________走进教室，就看见王老师在讲台旁边站④________。我高兴⑤________向老师问了一声好。我问："老师，您什么时候出院的？"

"我前天出的院。听说你也病了，好⑥________吗？"

"好了。老师，您要保重身体！"

"谢谢你！"

这时，同学们都走进教室⑦________了，大家看到王老师又能给我们上课了，都很高兴。老师也高兴地和大家说⑧________话，问每个同学的情况。我们都知道王老师刚出院，身体还不太好。

上课铃响了。

大家一起大声地说："老师好！"王老师笑⑨________点了点头，也对我们说："同学们好！"

老师拿起书要开始讲课了。山本搬了一把椅子，走到老师面前，说："老师，今天请您坐⑩________讲吧。"

王老师说："谢谢，我不累，我不习惯坐着上课。"王老师没有坐。

"老师，请您坐下讲吧！"这时，班长带着全班同学一起大声地说。

王老师有点儿激动地看着我们说："谢谢大家！谢谢同学们！"

8 交际会话 Communication

打听　Inquiring

A：请问，您看没看见一个姑娘（gūniang, girl）从这儿过去？

B：什么姑娘？长得什么样？

A：身高一米六左右，留着长发，穿着一件白色的上衣，戴着一副眼镜儿。

B：看见了。

A：她往哪儿走了？

B：从这儿下山去了。

A：大概走多长时间了？

B：二十多分钟了。

A：只她一个人吗？

B：对。

A：就是她。我们也快点儿下去吧。谢谢您了！

B：不客气！

9 写汉字 Write the characters

káng	一 十 扌 扌 扛 扛
扛	
huǒ	ノ 亻 亻 伙 伙 伙
伙	
tīng	一 厂 厅 厅
厅	
guà	一 十 扌 扌 扌 扗 挂 挂 挂
挂	
bǎi	一 十 扌 扌 扌 扌 扌 押 押 押 摆 摆 摆
摆	
fù	一 一 亏 亏 声 昌 畐 畐 畐 副 副
副	
shè	一 十 扌 扌 扌 扌 扌 扌 扌 摄 摄 摄 摄
摄	
chuān	丶 丶 宀 宀 穴 穴 空 穿 穿
穿	
qún	丶 ラ 礻 礻 礻 衤 衤 衤 裙 裙 裙 裙
裙	

jiǎng	丶 讠 订 讵 讲 讲
讲	
niáng	𡿨 女 女 女 女 女 女 娘 娘 娘
娘	
láng	丶 ㇇ ⺕ ⺕ 良 良 郎 郎
郎	
shuài	丨 刂 刂 帅 帅
帅	
shuāng	㇇ 又 双 双
双	

Dì-shíliù kè
第十六课
Lesson 16

Qiánbian kāi guolai yí liàng kōng chē
前边开过来一辆空车
An empty taxi is coming towards us

一 课文 Kèwén Text

（一）前边开过来一辆空车 16-1

（秋天的一天，田芳请张东、玛丽和麦克到家里做客…… One day in the fall, Tian Fang invites Zhang Dong, Mary and Mike to her place...）

田 芳：等车的人越来越多了，咱们还是打的去吧，别坐公共汽车了。

玛 丽：好吧，你看，那边正好开过来一辆空车，就坐这辆吧。

（在出租车上 On the taxi）

玛 丽：你家住的是四合院儿吗？

田 芳：是啊。我家院子里种着一棵大枣树，树上结着很多红枣，远远儿地就能看见。一看见那棵大枣树就看到我家了。今天请你们尝尝我家的红枣，可甜了。

玛 丽：我听说现在住四合院儿的越来越少了。

田 芳：是。现在城市里大楼越盖越多，住宅小区也越建越漂亮。很多人都搬进楼房里去住了。我们院子里最近也搬走了五六家，明年我们家也要搬走了。

玛　丽：那太遗憾了。

田　芳：我虽然也舍不得离开我们家的小院儿，但还是希望快点儿搬进现代化的楼房里去住。

（二）年轻人打扮得越来越漂亮了 16-2

（圣诞节和新年快到了…… Christmas and New Year are approaching...）

王老师：同学们已经学了两个多月汉语了。今天，想请大家随便谈谈自己的感想和体会，有什么意见和建议也可以提。

玛　丽：刚来的时候，我不习惯北京的气候，常常感冒，现在越来越习惯了。

麦　克：我们的汉语越来越好，觉得越学越有意思了。

玛　丽：我的朋友越来越多了。

麦　克：朋友越多越好，“在家靠父母，出门靠朋友”嘛。

山　本：中国菜很好吃，我越吃越喜欢吃，所以也越来越胖了。

麦　克：我觉得人们的生活一天比一天丰富，年轻人越来越会打扮，打扮得越来越漂亮了。

玛　丽：圣诞节和新年快到了，不少商店都摆着圣诞树，装饰得非常漂亮，我看见很多中国人也买圣诞树和圣诞礼物。

麦　克：老师，我听说中国过圣诞节的人越来越多了，是吗？

王老师：一般家庭是不过圣诞节的。有的人过圣诞节，可能是喜欢圣诞节那种欢乐的气氛，孩子们能从爸爸妈妈那儿得到礼物，当然也很高兴。不过，中国最大的节日还是春节。

麦　克：老师，我建议，咱们开一个新年联欢会，怎么样？

王老师：好啊！

二　生词 Shēngcí　New Words

16-3

1. 越来越	yuèláiyuè		more and more; increasingly
2. 打的	dǎ dī	（动）	to take a taxi
3. 空	kōng	（形）	vacant; unoccupied

4.	四合院（儿）	sìhéyuànr	（名）	quadrangle, a traditional residential compound with houses around a square courtyard
5.	院子	yuànzi	（名）	yard; courtyard
6.	种	zhòng	（动）	to plant; to grow
7.	棵	kē	（量）	*a measure word for plants, etc.*
8.	枣	zǎo	（名）	jujube; (Chinese) date
9.	结	jiē	（动）	to bear (fruit)
10.	尝	cháng	（动）	to taste
11.	甜	tián	（形）	sweet
12.	越……越……	yuè……yuè……		the more... the more...
13.	盖	gài	（动）	to construct; to build
14.	住宅	zhùzhái	（名）	residence; dwelling
15.	小区	xiǎoqū	（名）	residential complex; housing estate
16.	建	jiàn	（动）	to build; to construct
17.	搬	bān	（动）	to move
18.	遗憾	yíhàn	（形）	sorry; regretful
19.	舍不得	shěbude	（动）	to be loath to use or part with; to grudge
20.	离开	lí kāi	（动）	to leave
21.	现代化	xiàndàihuà	（动）	to modernize
22.	随便	suíbiàn	（形）	casual; informal
23.	感想	gǎnxiǎng	（名）	impressions; thoughts
24.	体会	tǐhuì	（名、动）	understanding; feeling; to know from experience
25.	意见	yìjiàn	（名）	opinion; complaint

26. 建议	jiànyì	（名、动）	advice; suggestion; to advise; to suggest
27. 提	tí	（动）	to raise; to bring up
28. 出门	chū mén	（动）	to go out; to leave home
29. 人们	rénmen	（名）	people
30. 丰富	fēngfù	（形）	rich; plentiful
31. 打扮	dǎban	（动）	to dress up; to make up
32. 新年	xīnnián	（名）	new year; New Year's Day
33. 圣诞树	shèngdànshù	（名）	Christmas tree
34. 装饰	zhuāngshì	（动、名）	to decorate; decoration
35. 礼物	lǐwù	（名）	present; gift
36. 欢乐	huānlè	（形）	happy; joyous
37. 节日	jiérì	（名）	festival; holiday
38. 开	kāi	（动）	to hold (a meeting, symposium, etc.)
39. 联欢会	liánhuānhuì	（名）	get-together; party

专名 Zhuānmíng Proper Nouns

1. 圣诞节	Shèngdàn Jié	Christmas
圣诞	Shèngdàn	Christmas
2. 春节	Chūnjié	Spring Festival, the first day of the first month in the Chinese lunar calendar

三 注释 Zhùshì Notes

1 四合院儿 quadrangle

“四合院儿”四周由房子围成，中间是个院子。北京人过去大都住在四合院儿里。

Siheyuanr, or a quadrangle, is a compound of houses around a square courtyard. Most of the Beijing residents lived in *siheyuanr* in the past.

2 在家靠父母，出门靠朋友。

This sentence means "At home one relies on (needs the help of) one's parents; away from home one needs friends."

四 语法 Yǔfǎ　Grammar

1 人或事物的存在、出现和消失：存现句 Indicating the existence, appearance or disappearance of someone or something: Existence-emergence sentences

存现句的基本结构是：

The basic structure of an existence-emergence sentence is:

处所词 + 动词 + 助词 / 补语 + 名词 Location word + Verb + Particle/Complement + Noun

例如：e.g.

（1）门前种着一棵树。

（2）树上开着很多花儿。

（3）楼下上来一个人。

（4）前面开过来一辆出租车。

（5）我们班走了两个学生。

存现句多用于对客观事物的描述，句中宾语是未知信息，是不确指的。所以，不能说：

Existence-emergence sentences are usually used to describe objective things. The object in the sentence is unknown and non-specific. Therefore, we cannot say:

* 楼上下来了王老师。

应该说：楼上下来了一个人。

2 变化的表达："越来越……"和"越……越……" Indicating a change: "越来越……" (more and more...) and "越……越……" (the more... the more...)

"越来越……"表示事物的程度随时间的变化而变化。例如：

"越来越……" is used to indicate that the degree of something changes with time, e.g.

（1）课文越来越长。

（2）年轻人越来越会打扮了。

（3）来中国学习汉语的人越来越多。

"越……越……"表示事物的程度随条件的变化而变化。例如：

"越……越……" is used to indicate that the degree of something changes with the condition, e.g.

（1）城市里大楼越盖越多了。

（2）他的汉语越说越好。

（3）你看，雨越下越大了。

"越……越……"已含有程度高的意义，因此不能再用程度副词来修饰谓语。例如：

"越……越……" implies a sense of "being high in degree", and therefore, the predicate of the sentence cannot be modified by an adverb of degree, e.g.

（4）这本书我越看越喜欢。

不能说：* 这本书我越看越很喜欢。

五 练习 Liànxí Exercises

1 语音 Phonetics 16-4

（1）辨音辨调　Distinguish the pronunciations and tones

yuànzi	yuánzǐ	dǎban	dǎfān
suíbiàn	suīrán	chū mén	chǔfèn
fùmǔ	fúwù	dǎ dī	dǎjī
huānlè	huàn le	yíhàn	yínháng

（2）朗读　Read out the following phrases

别等了	别说了	别吃了	别喝了	别去了
别哭了	别睡了	别找了	别写了	别看了
随便说	随便谈	随便坐	随便要	随便喝
过生日	过寒假	过暑假	过新年	过春节

越来越热	越来越冷	越来越好	越来越流利
越来越有意思	越来越喜欢	越来越高兴	越来越习惯
越学越有意思	越写越好	越跳越高	越跑越快
越练越熟	越说越流利	越说越高兴	越好越贵

2 替换 Substitution exercises

（1）前边 开过来 一辆空车。

前边	跑过来	一个人
301 房间	搬走了	一个学生
我们班	来了	一个新同学
树上	掉下来	很多苹果
我们院里	搬走了	五六家
树上	落下来	几片红叶

（2）她家门前种着一棵树。

树上	结	很多红枣
门上	贴	一个“红双喜字”
书架上	摆	很多书
院子里	种	一些花儿
楼前边	停	几辆车
墙上	挂	很多照片

（3）现在住四合院儿的人越来越少了。

天气	冷
天气	暖和
学过的生词	多
汉语	有意思
我对这儿的气候	习惯
人们的生活	丰富

（4）年轻人越打扮越漂亮。

她	长	好看
她的汉语	说	好
这儿的高楼	盖	多
雨	下	大
风	刮	大

3 选词填空 Choose the right words to fill in the blanks

A. 越来越　四合院儿　尝尝　着　节日　靠　欢乐　越……越……

（1）我家院子里种________很多花儿。

（2）我觉得北京的________是一种建筑文化。

（3）这种建筑现在________少了。

（4）汉语________学________有意思。
（5）我们全家________父亲一个人工作生活。
（6）这是我做的菜，请您________。
（7）中国最大的________还是春节。
（8）有些人过圣诞节可能是因为喜欢那种________的气氛。

B. 睡着　贴着　放着　摆着　挂着　停着　种着　写着

（1）会议中心前边________很多花儿。
（2）楼前________几辆车。
（3）门上________一个“红双喜字”。
（4）床上________一个孩子。
（5）屋子里________两个书架。
（6）书上________她的名字，书肯定是她的。
（7）桌子（zhuōzi, table）上________一瓶花儿。
（8）教室里________两张画儿。

4 用所给词语完成句子 Complete the sentences with the given words

A. 越来越……

（1）出院后，她的身体________________了。
（2）城市里的汽车________________了，城市交通________________了。
（3）冬天快来了，天________________了。
（4）我对这儿的生活________________了。
（5）A：你的发音________________了。
　　B：谢谢！可是我觉得语法________________了。
（6）来中国学汉语的外国人________________。

B. 越……越……

（1）你看，外边的雪________________。

（2）她的汉语________________了。

（3）这本书很好，我________________。

（4）“出门靠朋友”，朋友________________。

（5）我觉得她________________。

5 改错句 Correct the sentences

（1）教室里跑出来了麦克。

____

（2）很多同学坐着在操场上。

____

（3）车里坐在我和一个朋友。

____

（4）前边开过来他坐的汽车。

____

（5）我们班来了这个新老师。

____

（6）我的汉语越来越很流利了。

____

（7）这首歌我越听越很喜欢。

____

（8）在床上他躺着玩儿手机。

____

6 根据实际情况回答问题 Answer the questions according to the actual situations

（1）你家的门前种着什么？

（2）教学楼门口停着什么？

（3）你房间的墙上挂着什么？

（4）你的桌子上放着什么？

（5）你宿舍的窗户（chuānghu, window）上挂着窗帘（chuānglián, curtain）没有？

（6）你的窗台（chuāngtái, windowsill）上摆着什么？

（7）你的书架上放着什么？

（8）你们教室的墙上挂着什么？

7 综合填空 Fill in the blanks

补充生词 Supplementary words

① 做客	zuò kè	to be a guest
② 书房	shūfáng	study (room)
③ 文学	wénxué	literature
④ 政治	zhèngzhì	politics
⑤ 哲学	zhéxué	philosophy
⑥ 写字台	xiězìtái	writing desk
⑦ 沙发	shāfā	sofa

⑧	幅	fú	*a measure word for paintings, calligraphy works, etc.*
⑨	爷爷	yéye	(paternal) grandpa
⑩	包	bāo	to wrap; to make (dumplings)
⑪	老鼠	lǎoshǔ	mouse; rat
⑫	端	duān	to carry; to hold sth. level with both hands

昨天我们到田芳家去做客。去的时候，雨下①________很大，不过我们一到田芳家雨就停了。

田芳家住②________一个四合院儿里。院子里种着一棵枣树，还种着很多花儿，有红的，有黄的，非常漂亮。他们家的院子不太大，但是很干净，也很安静。

田芳的爸爸妈妈一看我们来了，就走出来笑着说："欢迎你们来我家做客，请到屋里坐吧。"

田芳给我们介绍了她的爸爸妈妈。

我知道田芳的爸爸妈妈都是大学教授。田芳的爸爸说："你们就叫我们田老师和黄老师吧。"黄老师热情③________给我们倒茶，请我们吃水果。她说："你们跟田芳是同学，又是好朋友，到这儿来就像到自己家里一样，不要客气。"

田芳说："先参观参观我爸爸的书房吧。"她带着我们走进了她爸爸的书房。房间不太大，周围摆着几个大书架。书架里放着很多书，有中文的，也有外文的，有文学、历史方面的，也有政治、哲学方面的。我看④________一下儿，很多书我都不知道，我只认识鲁迅、毛泽东和邓小平的名字，因为我在国内时读过他们的书，当然是翻译成英文的。窗前是一张写字台，写字台旁边放着一台新电脑，电脑还开⑤________呢。

沙发后面的墙上挂着几幅字画，田芳指着这些字画给我们介绍说："这是徐悲鸿（Xú Bēihóng）画的画儿，那是郭沫若（Guō Mòruò）写的字。"田芳问我："你知道徐悲鸿和郭沫若是谁吗？"我说不知道。我对中国了解得太少了。

田芳告诉我，徐悲鸿是中国有名的画家，郭沫若是中国有名的历史学家。

田芳说："这些书和字画都是我爷爷留给我们的。"

参观⑥________书房，田芳说："我们到客厅坐一会儿吧，你们不是想学包饺子吗？今天，我爸爸妈妈请你们吃饺子。"

我们走进客厅的时候，田芳的爸爸妈妈正准备包饺子呢。她爸爸说："你们坐着聊天儿吧，我们两个包就行了。"田芳说："我们一起来吧，麦克和玛丽还想学学呢。"

我们洗了手就开始包饺子。

来中国以后我吃过一两次饺子，但没有包⑦________饺子，这是第一次。我不会包，包了半天才包了一个，田芳说我包的饺子像小老鼠，说得大家都笑了。

我们大家一边包一边聊天儿，很热闹。我很喜欢这种欢乐的家庭气氛。

饺子端出来⑧________。今天的饺子真好吃，我吃了二十多个。

吃完饺子，我们又坐了一会儿，然后对两位老师说："我们该走了，谢谢你们，我们过得很愉快。"两位老师一直送我们走出大门，对我们说："欢迎你们常来玩儿。"

8 交际会话 Communication

赞扬　Praising someone

田　芳：玛丽，我发现你汉语说得越来越好了。

玛　丽：哪里。还差得远呢。

田　芳：真的！

玛　丽：我觉得汉语越学越有意思，也越学越难了。

田　芳：是吗？你觉得哪方面最难？

玛　丽：除了语法以外，我觉得最难的还是词语的用法。

田　芳：我跟你的感觉一样，我学的英语单词越来越多，用法也越来越难。

9 写汉字 Write the characters

fù	丶 丷 宀 宀 宀 宀 宀 宀 宫 宫 富 富
富	
kē	一 十 才 木 木 杊 杊 杊 桿 桿 桿 棵
棵	
yuè	一 十 土 丰 丰 未 走 走 走 越 越 越
越	
bàn	一 十 扌 扌 扒 扮 扮
扮	
gài	丶 丷 䒑 䒑 羊 羊 羊 善 善 盖 盖
盖	
bān	一 十 扌 扌 扌 扚 扚 扚 扚 搬 搬 搬 搬
搬	

suí	随
tián	甜
shèng	圣
dàn	诞
zhuāng	装
shì	饰

Dì-shíqī kè

第十七课

Lesson 17

Bǎ "fú" zì dàozhe tiē zài mén shang

把"福"字倒着贴在门上

Paste "福" upside down on the door

一 课文 Kèwén Text

（一）我们把教室布置成了会场

17-1

圣诞节和新年快到了，我们班准备在圣诞节前举行一个联欢晚会，请老师们也来参加。晚会上我们要唱中文歌，用汉语讲故事，表演节目，品尝各国的特色菜。班长要求我们那天把自己亲手做的菜带到晚会上来，让大家品尝。

玛丽说："我们最好借一个大教室，把它布置成会场。"

前天，我们找到管理员，告诉了她借教室的事儿，她答应把那个大教室借给我们。昨天下午服务员把教室打扫了一下儿，把门和窗户也都擦得干干净净的。

我们把桌子摆成了一个大圆圈儿，爱德华把"圣诞—新年快乐"几个大字贴在了黑板上。

李美英说，晚会上她要和几个同学唱歌，跳舞，所以把音响也搬到教室里来了。爱德华昨天从商店买回来一棵圣诞树，我们把它摆在了教室的前边，用彩灯和彩带把它装饰得非常漂亮。

安娜是我们班最小的同学，她的生日正好是十二月二十五号，所以同学们还为她准备了一份生日礼物和一个生日蛋糕，但是我们还没把这事儿告诉她。我们想，到晚会上再把生日礼物送给她，给她一个惊喜，让她在中国过一个快乐的生日。

我们把教室布置好以后，请老师来看了看，老师高兴地说："你们把教室布置得真漂亮！"

为了开好这个联欢会，同学们都认真地做了准备。明天晚上六点钟，我们的晚会就要开始了，欢迎大家来参加。

（二）把对联儿贴在大门两边 17-2

（春节前，王老师和夫人高老师在布置他们的家…… Before the Spring Festival, Mr. Wang and his wife Ms. Gao are decorating their home...）

高老师：哎，这幅画儿挂在什么地方比较好？

王老师：我想把它挂在中间。对了，小林还没把水仙花送来吧？

高老师：已经送来了，我把它摆在卧室里了。你来看，开得可好了。

王老师：把它摆在客厅里比较好。我把“福”字贴在门上吧。

高老师：把你写的对联儿也贴上去吧。（读对联儿 Reading the couplet）“新年新春吉祥，百行百业……”你是不是把“兴”字也写成“旺”字了？

王老师：哦，可不是嘛，写错了。应该是“新年新春吉祥，百行百业兴旺”。

（三）把“福”字倒着贴在门上 17-3

（麦克看见王老师家门上贴着对联儿，就问田芳…… Mike asks Tian Fang about the couplet on Mr. Wang's door...）

麦　克：田芳，这就是你说的对联儿吗？

田　芳：是啊。

麦　克：门上这个字怎么念？

田　芳：你仔细看看，认识不认识？

麦　克：没学过。

田　芳：这不是幸福的“福”字吗？过春节的时候，差不多家家都贴“福”字。

麦　克：这是幸福的“福”字？为什么把“福”字倒着贴在门上呢？

田　芳：这样，人们一看见就会说“福倒了”，听声音就是“福到了”。

麦　克：哦，那我也去买一些“福”字来，把它倒着贴在门上、床上、桌子上、椅子上、沙发上、冰箱上、洗衣机上、空调上……等着幸福来找我。

二　生词 Shēngcí　New Words

17-4

1. 品尝	pǐncháng	（动）	to taste
2. 特色	tèsè	（名）	salient feature; hallmark
3. 班长	bānzhǎng	（名）	class monitor
4. 把	bǎ	（介）	*used when the object is placed before the verb and is the recipient of the action*
5. 亲手	qīnshǒu	（副）	with one’s own hands; in person
6. 最好	zuìhǎo	（副）	had better; it would be best
7. 它	tā	（代）	it
8. 布置	bùzhì	（动）	to fix up; to arrange; to decorate
9. 会场	huìchǎng	（名）	meeting venue

10.	管理员	guǎnlǐyuán	（名）	custodian; manager
	管理	guǎnlǐ	（动）	to manage
11.	告诉	gàosu	（动）	to tell; to inform; to let know
12.	答应	dāying	（动）	to agree; to permit
13.	打扫	dǎsǎo	（动）	to sweep; to clean
14.	窗户	chuānghu	（名）	window
	窗	chuāng	（名）	window
15.	擦	cā	（动）	to wipe; to rub
16.	桌子	zhuōzi	（名）	table; desk
17.	圆圈（儿）	yuánquānr	（名）	circle; ring
18.	黑板	hēibǎn	（名）	blackboard
19.	音响	yīnxiǎng	（名）	stereo system
20.	彩灯	cǎidēng	（名）	colored light/lamp
21.	彩带	cǎidài	（名）	colored ribbon/streamer
22.	份	fèn	（量）	share; portion; part
23.	惊喜	jīngxǐ	（名）	pleasant surprise
24.	幅	fú	（量）	*a measure word for paintings, calligraphy works, etc.*
25.	水仙	shuǐxiān	（名）	narcissus
26.	开	kāi	（动）	to bloom
27.	福	fú	（名）	happiness; good fortune; blessing
28.	字	zì	（名）	word; character
29.	对联（儿）	duìliánr	（名）	antithetical couplet
30.	新春	xīnchūn	（名）	(new) spring; Lunar New Year and the following days

31. 吉祥	jíxiáng	（形）	auspicious; lucky
32. 行业	hángyè	（名）	trade; profession
33. 兴旺	xīngwàng	（形）	prosperous
34. 哦	ò	（叹）	(*expressing realization or understanding*) oh
35. 可不是	kěbúshi	（副）	(*expressing agreement*) right; exactly
36. 仔细	zǐxì	（形）	careful; attentive
37. 幸福	xìngfú	（名、形）	happiness; happy; fortunate
38. 倒	dào	（动）	to invert; to turn upside down
39. 声音	shēngyīn	（名）	sound; voice
40. 椅子	yǐzi	（名）	chair
41. 沙发	shāfā	（名）	sofa
42. 冰箱	bīngxiāng	（名）	refrigerator
43. 洗衣机	xǐyījī	（名）	washing machine
44. 空调	kōngtiáo	（名）	air conditioner

专名 Zhuānmíng　Proper Nouns

1. 李美英	Lǐ Měiyīng	Li Meiying, name of a person
2. 安娜	Ānnà	Anna

三　注释 Zhùshì　Notes

① 哦，可不是嘛。 Oh, exactly.

“哦”是叹词，表示醒悟、领会。

“哦” is an interjection indicating sudden realization or understanding.

2 **过春节的时候，差不多家家都贴“福”字。** During the Spring Festival, the character “福” is pasted on the door of almost every household.

汉语中有些单音节名词也可以重叠使用，重叠以后表示“每 + 名词”的意思。例如：

Some monosyllabic nouns in Chinese can be reduplicated too. The reduplicated form means “every + noun”, e.g.

（1）过春节的时候，差不多家家都贴对联儿。（家家 = 每家）

（2）我天天都坚持锻炼一个小时。（天天 = 每天）

（3）人人都要遵守交通规则。（人人 = 每人）

四 语法 Yǔfǎ Grammar

“把”字句（1）The 把-sentence (1)

“把”字句是介词“把”及其宾语在句子中作状语的动词谓语句。

A 把-sentence is a sentence with a verbal predicate in which the preposition “把” and its object together function as an adverbial.

汉语句子的谓语动词与结果补语是紧密结合在一起的。中间不能再插入其他成分。当谓语动词带“在”“到”“给”和“成”等作结果补语时，它们的宾语必须紧随其后。而谓语动词本身如有宾语，则这个宾语既不能置于动词之后，也不能置于结果补语之后，更不能置于“动词 + 在 / 到 / 给 / 成”的宾语之后。因此，必须用“把”将谓语动词的宾语提到动词前边，组成“把”字句。

The predicate verb and the complement of result in a Chinese sentence are closely linked together. No other elements can be inserted in between. When the predicate verb takes “在”, “到”, “给” or “成”, etc. as its complement of result, the verb-complement construction is immediately followed by its object. If the predicate verb itself has an object, this object cannot be placed after the verb, nor can it be placed after the complement of result or after the object of “verb + 在 / 到 / 给 / 成”. Therefore, we have to use the word “把” and put the object of the predicate verb before the verb to form a 把-sentence.

“把”的作用就是“提宾”。提宾的目的是为了保持句子的平衡。因为在汉语的动词谓语句中，动词后边的成分不能太长、太复杂。而动词前面的状语可以很长，也可以很复杂。

The function of “把” is to move the object forward (from behind the main verb to the front of it). The purpose is to keep the sentence in good balance, because in a sentence with a verbal predicate, the elements following the verb cannot be too long or complex, but the adverbial before the verb can be long and complex.

这类“把”字句表达通过动作使某确定事物（“把”的宾语）发生某种变化或产生某种结果。这种变化或结果一般是位置的移动、从属关系的转移和形态的变化等。结构形式是：

This type of 把-sentence is used to express the change or result brought about to the object of “把” through an action. The change or result usually involves a change in position, a transfer of ownership or a change of state, etc. The structure of a 把-sentence is:

（主语 +）把 + 宾语 + 动词 + 在 / 到 / 给 / 成 + 宾语（+ 了）
(Subject +) 把 + Object + Verb + 在 / 到 / 给 / 成 + Object（+ 了）

例如：e.g.

（1）她把花儿摆在客厅里了。

不能说：* 她摆花儿在客厅里了。

（2）我把衣服放到箱子里去了。

不能说：* 我放衣服到箱子里去了。

（3）我把作业交给老师了。

不能说：* 我交作业给老师了。

（4）她把这篇课文翻译成了英文。

不能说：* 她翻译这篇课文成英文了。

五 练习 Liànxí Exercises

1 语音 Phonetics 17-5

（1）辨音辨调 Distinguish the pronunciations and tones

xīngwàng	xìng Wáng	bùzhì	bú shì
dǎsǎo	dàsǎo	pǐncháng	píngcháng
xìngfú	xīnkǔ	jíxiáng	jìxiàng

（2）朗读 Read out the following phrases

把那瓶花儿放在桌子上	把名字写在书上
把书摆在书架上	把对联儿贴在门两边
把车开到学校去	把菜放到冰箱里
把椅子搬到楼上	把她送到车站
把教室借给我们	把照片发给妈妈
把作业交给老师	把礼物带给王老师
把生词翻译成英语	把小说儿拍成电影
把美元换成人民币	把教室布置成会场

2 替换 Substitution exercises

补充生词 Supplementary words

① 篇	piān	*a measure word for writings, publications, etc.*
② 文章	wénzhāng	article; essay
③ 拍	pāi	to photograph; to shoot
④ 书房	shūfáng	study (room)

（1）A：把这瓶花儿摆在哪儿？
B：摆在客厅里吧。

这张照片	贴	墙上
这幅画儿	挂	书房里
这张“福”字	贴	门上
车	停	门口
这些电话号码	记	手机里
这些书	放	书架上

（2）她把音响搬到了教室。

妈妈	送	医院
衣服	放	箱子里
车	开	学校
孩子	带	国外
照片	放	书里
花儿	摆	客厅

（3）把这件礼物送给安娜。

这张照片	交	她
这条微信	发	朋友
这本书	还	图书馆
这盒蛋糕	送	王老师
这些东西	带	我妈妈
这些钱	借	他

（4）A：你是不是想把这个教室布置成会场？

B：对。（我想把教室布置成会场。）

这篇文章	翻译	英文
这本小说儿	拍	电影
这个屋子	布置	书房
这本书	做	光盘
这个故事	写	小说儿

3 选词填空 Choose the right words to fill in the blanks

对联儿　品尝　摆　倒　幅　最好　打扫　亲手

（1）这是我亲手做的家乡菜，请您________一下儿。

（2）上课以前________把课文和生词都预习一下儿。

（3）我们把房间________一下儿吧。

（4）把“福”字________着贴，我觉得很有意思。

（5）这件棉袄是妈妈________给我做的，不是买的。

（6）把这瓶花儿________到客厅里吧。

（7）把这________画儿挂在那边的墙上。

（8）把买来的________贴在大门两边吧。

4 用“在、到、给、成”填空 Fill in the blanks with “在”, “到”, “给” or “成”

（1）请帮我把这封（fēng, *a measure word for letters, etc.*）信翻译________英文，好吗？

（2）我要把这张画儿送________朋友作生日礼物。

（3）我把她送________车站就回来了。

（4）把这幅画儿挂________那儿不太好。

（5）把这张桌子搬________外屋去吧。

（6）你把钥匙放________哪儿了？

（7）“眼睛”的“睛”左边是“目”，你把它写________“日”了。

（8）我的发音还不太好，常常把“是不是”说________“四不四”。

5 根据画线部分用疑问代词提问 Use interrogative pronouns to ask questions about the underlined parts

> 例：我把自行车放在门口了。
> →你把自行车放在什么地方 / 哪儿了？

（1）我把钥匙放在大衣口袋里了。

____

（2）我把那本书借给玛丽了。

____

（3）她已经把礼物寄给男朋友了。

____

（4）她打算把买来的画儿挂在宿舍的墙上。

____

（5）麦克把这封信翻译成了英文。

____

（6）把你的手机号写在这儿吧。

____

（7）我想把这些书送给她。

____

（8）咱们把这棵树种在院子里吧。

____

6 把下列肯定句改成否定句 Change the following affirmative sentences into negative ones

> 例：他已经把书还给我了。
> →他没把书还给我。

（1）他把那幅画儿挂在大厅里了。

____

（2）我把那本词典放在书架上了。

____

（3）他把新买的电脑放在书桌上了。

____

（4）玛丽把自行车放在楼前边了。

____

（5）我已经把作业交给老师了。

____

（6）我想把这些钱借给他。

____

（7）他要把这篇文章翻译成中文。

____

（8）我把那些日元都换成人民币了。

____

7 造“把”字句 Make 把-sentences

（1）书　放　书架上

（2）椅子　搬　楼上

（3）车　停　家门口

（4）画儿　挂　墙上

（5）作业　交　老师

（6）礼物　送　安娜

（7）词典　寄　朋友

（8）这个句子　翻译　汉语

（9）美元　换　人民币

8 改错句 Correct the sentences

（1）我在书包里把词典放了。

（2）我应该送这个礼物给她。

____

（3）我用了两天的时间翻译这篇小说儿成英文。

____

（4）我常常把晚饭吃在饭店里。

____

（5）我挂新买的画儿在宿舍的墙上。

____

（6）我已经发那些照片给妈妈了。

____

9 下列情景怎么说（用“把”字句）What do you say in the following situations (using 把-sentences)

（1）你买了一幅画儿，想挂在屋子里，怎么和家人商量挂在什么地方？

（2）你想借你同学的手机用一下儿，怎么对他说？

（3）你在宾馆（bīnguǎn, hotel），要去住的房间，你让服务员帮你搬箱子，怎么说？

（4）你想买一个手机，让营业员拿给你看看，怎么说？

（5）玛丽要去医院看安娜，你想请玛丽带一束（shù, bunch; bouquet）花儿给安娜，怎么说？

（6）在出租车里，怎么告诉出租车师傅在你的宿舍门口停车？

10 交际会话 Communication

委托 Entrusting someone with something

玛 丽：山本，请把这张请假条儿（qǐngjiàtiáor, leave of absence note）带给王老师。

山 本：怎么？你不去上课了？

玛 丽：李美英生病了。我要去看看她。

山 本：她怎么了？

玛 丽：她得了重感冒。

山 本：是吗？你把我刚买的这束花儿带给她吧。

玛 丽：好。

山 本：问她好，祝她早日康复（kāngfù, to recover）。

11 读后复述 Read and retell

补充生词 Supplementary words

① 奶奶	nǎinai	(paternal) grandma
② 伸	shēn	to reach; to stretch
③ 小心	xiǎoxīn	to be careful
④ 悄悄	qiāoqiāo	stealthily; covertly
⑤ 帽子	màozi	hat
⑥ 摘	zhāi	to take off; to remove
⑦ 吹气	chuī qì	to give a puff of air
⑧ 一下子	yíxiàzi	in a short while; all at once; all of a sudden
⑨ 扔	rēng	to throw

爸爸带着三岁的儿子坐火车去看奶奶。在火车上，儿子喜欢把

头伸到窗外去。爸爸对他说："儿子，小心点儿，别把头伸到窗外去。"可是男孩儿不听爸爸的话，还是把头伸到窗外。这时爸爸悄悄地把儿子的帽子摘了下来，放在自己身后，然后对他说："你看，风把你的帽子刮跑了。"儿子急得哭了，哭着要他的帽子。

爸爸说："好，你对着窗口吹一口气，帽子就回来了。"

儿子就对着窗口吹了一口气，爸爸很快把帽子戴到他的头上。

儿子笑了。他想，这太有意思了。就一下子把爸爸的帽子摘了下来，扔到车窗外边去了，然后高兴地对爸爸说："爸爸，快！现在该你吹气了。"

12 写汉字 Write the characters

lián	一 厂 丌 丌 耳 耳 耳 耳' 耳'' 耳' 联 联
联	
zhì	丶 冖 冖 罒 罒 罒 罒 罗 罟 罟 罟 罟 置
置	
sù	丶 讠 讠 订 讦 䜣 诉
诉	
guǎn	ノ 𠂉 𥫗 𥫗 𥫗 𥫗 𥫗 𥫗 笁 笁 笁 管 管 管
管	
fèn	丿 亻 亻 仈 份 份
份	
cā	一 扌 扌 扌 扌 扩 扩 扩 扩 扩 护 㨿 㨿 擦 擦 擦 擦
擦	

拼音	汉字	笔顺
yuán	圆	丨 冂 冂 冂 冂 冂 冂 圎 圎 圆
bǎn	板	一 十 才 木 木 朾 杤 板
chuāng	窗	丶 丶 宀 穴 穴 穴 穴 穸 穸 窗 窗 窗
xiáng	祥	丶 ㇇ 礻 礻 礻 礻 祥 祥 祥 祥
wàng	旺	丨 冂 月 日 日 日 旰 旺
xìng	幸	一 十 土 土 去 去 幸 幸
fú	福	丶 ㇇ 礻 礻 礻 礻 礻 礻 礻 福 福 福 福

Dì-shíbā kè
第十八课
Lesson 18

Qǐng bǎ hùzhào hé jīpiào gěi wǒ
请把护照和机票给我
Please give me your passport and air ticket

一 课文 Kèwén Text

（一）请把护照和机票给我

18-1

（关建平和妻子夏雨一起坐飞机去国外旅行，夏雨是第一次乘飞机……
Guan Jianping and his wife Xia Yu are heading abroad by plane. This is Xia Yu's first time flying...）

关建平：（对夏雨 To Xia Yu）我们先去办理登机手续，把行李托运了。

服务员：请把护照和机票给我。哪个箱子要托运？把它放上去吧。这是登机牌儿，请拿好。

关建平：谢谢！

……

（夏雨通过安全检查门时，安全检查门发出响声…… The alarm goes off as Xia Yu passes through the security portal...）

服务员：这位女士，你口袋里装的是什么？

夏 雨：没有什么呀！

服务员：请把口袋里的东西都掏出来。

夏　雨：啊，是几把钥匙和两个硬币。

服务员：好了。请进去吧。

（在飞机上 On the plane）

关建平：把手提包放到行李箱里去吧。

夏　雨：等一下儿，先把相机拿出来，我想在飞机上照两张照片。

（关建平把相机从手提包里拿出来 Guan Jianping takes out the camera from the handbag）

关建平：给你。对了，相机里还没有电池呢，我先把电池装上。

……

（二）你把灯打开 18-2

夏　雨：这里边有点儿暗。

关建平：你把灯打开。

夏　雨：开关在哪儿呢？

关建平：在座位的扶手上。

空　姐：飞机马上就要起飞了，请大家把安全带系好，把手机关上……

夏　雨：我还不会系安全带呢。

关建平：把这个插头往里一插就行了。

夏　雨：怎么打开呢？

关建平：把卡子扳一下儿就打开了。

夏　雨：啊，打开了。你看，咖啡都凉了，快把它喝了吧。

（关建平把小桌下边的画报抽出来，不小心把杯子碰倒了 Guan Jianping pulls the pictorial from under the tray table and knocks off the cup by accident）

夏　雨：哎呀！

关建平：怎么了？

夏　雨：你把杯子碰倒了，咖啡全洒了。

关建平：快拿纸把桌子擦擦。

……

二 生词 Shēngcí　New Words

18-3

1. 办理　　bànlǐ　　（动）　　to handle; to go through

2. 登机	dēng jī		to board a plane
3. 手续	shǒuxù	（名）	procedures; formalities
4. 行李	xíngli	（名）	baggage; luggage
5. 托运	tuōyùn	（动）	to consign for shipment; to check in (baggage)
6. 护照	hùzhào	（名）	passport
7. 机票	jīpiào	（名）	air ticket
票	piào	（名）	ticket
8. 登机牌（儿）	dēngjīpáir	（名）	boarding pass
9. 装	zhuāng	（动）	to load; to pack; to hold
10. 掏	tāo	（动）	to draw out; to pull out; to fish out
11. 硬币	yìngbì	（名）	coin
12. 暗	àn	（形）	dim; dark
13. 开关	kāiguān	（名）	switch
14. 扶手	fúshǒu	（名）	armrest
15. 空姐	kōngjiě	（名）	air hostess
16. 起飞	qǐfēi	（动）	to take off
17. 安全带	ānquándài	（名）	safety belt; seat belt
安全	ānquán	（形）	safe; secure
带	dài	（名）	belt
18. 插头	chātóu	（名）	plug
19. 卡子	qiǎzi	（名）	buckle
20. 扳	bān	（动）	to change the direction of a fixed object; to turn
21. 凉	liáng	（形）	cool; cold

22. 杯子	bēizi	（名）	cup
23. 洒	sǎ	（动）	to spill

专名 Zhuānmíng Proper Nouns

1. 关建平	Guān Jiànpíng	Guan Jianping, name of a person
2. 夏雨	Xià Yǔ	Xia Yu, name of a person

三 注释 Zhùshì Notes

没有什么呀！ Nothing (particular)!

句中的"什么"不表示疑问，而表示不肯定的事物。

"什么" in this sentence does not express inquisitiveness, but refers to something the speaker is not sure of.

四 语法 Yǔfǎ Grammar

把字句（2）The 把-sentence (2)

使用"把"字句的要求 Conditions for using the 把-sentence

1. 主语一定是谓语动词所示动作的发出者。例如：

The subject must be the agent of the action the predicate verb indicates, e.g.

（1）我把相机给姐姐了。（相机是"我"给姐姐的。）

（2）她把药喝了。（药是"她"喝的。）

2. "把"的宾语同时也是谓语动词涉及的对象，而且必须是特指的。这种特指可以是明指，也可以是暗指。明指是宾语前有"这""那"或定语等明显的标记；暗指是宾语前没有这些标记，但在说话人脑子里想的是特定的人或物，在一定的语境中，听话人清楚说话人的所指。例如：

The object of "把" is at the same time the recipient of the action the predicate verb indicates, and must be definite, i.e. with a specific reference. This specific reference may be clearly stated by using the determiners "这" and "那" or an attributive before the object, or implied, i.e. the speaker, as well as the listener, knows exactly what is being referred to in the context, e.g.

（1）你把昨天的作业做完了吗？

（2）请把护照和机票给我。

3. 动词后面一定有其他成分，说明动作产生的结果或影响。所谓"其他成分"是指"了"、重叠的动词、动词的宾语和补语等。例如：

There must be some other elements following the verb to indicate the result or effect of the action. These "other elements" may be "了", a reduplicated verb, the object and complement of the verb, etc., e.g.

（1）把药喝了吧。（了）

（2）快把桌子擦擦。（重叠的动词）

（3）请把窗户开开。（重叠的动词）

（4）我们把这件事告诉她吧。（动词的宾语）

（5）把要托运的行李放上去吧。（动词的补语）

4. 否定副词"不""没（有）"或能愿动词应放在"把"的前边，不能放在动词的前边。例如：

The negative adverbs "不" and "没（有）" or modal verbs should be placed before "把", not before the verb, e.g.

（1）你为什么不把你的想法告诉她呢？

不能说：* 你为什么把你的想法不告诉她呢？

（2）你没把口袋里的东西都掏出来。

不能说：* 你把口袋里的东西没都掏出来。

（3）你要把口袋里的东西都掏出来。

不能说：* 你把口袋里的东西要都掏出来。

5. "把"字句的谓语动词必须是能使宾语发生某种变化、产生某种结果的及物动词。因此，有些动词（如“有、是、在、来、去、觉得、毕业”等）不能作“把”字句的主要动词。例如：

The predicate verb in a 把-sentence must be a transitive verb that can bring about a change or effect to the object. Therefore, verbs such as “有”, “是”, “在”, “来”, “去”, “觉得”, “毕业”, etc. cannot act as the main verb of a 把-sentence, e.g.

（1）* 我把词典有了。

（2）* 妈妈把北京来了。

（3）* 哥哥把大学毕业了。

五 练习 Liànxí Exercises

1 语音 Phonetics 18-4

（1）辨音辨调 Distinguish the pronunciations and tones

jīpiào	xìpiào	tuōyùn	duōyún
xíngli	xīnlǐ	dēng jī	dēngjì
shǒuxù	shǒuxí	jiǎnchá	jiānchá

（2）朗读 Read out the following phrases

把空调开开	把电视开开	把窗户开开	把手机开开
把安全带系好	把领带系好	把护照放好	把衣服穿好
把机票给我	把书给我	把作业给我	把钱给我
把箱子放上去		把行李放上去	
把相机拿出来		把手机拿出来	
把电池装上	把衣服穿上	把相机拿上	把伞带上
把卡子扳一下儿		把门关一下儿	
把杯子碰倒了		把自行车碰倒了	

2 替换 Substitution exercises

（1）把你的护照给我。

作业本	老师
那件礼物	安娜
这件红衣服	妹妹
这本词典	弟弟
这张照片	朋友

（2）请把灯开开。

窗户	打开
箱子	打开
电视	打开
手机	关上
空调	关上

（3）A：你把电池装上了没有？
B：还没有呢。

作业	做完
晚饭	做好
行李	准备好
插头	插上
生词	记住

（4）快把咖啡喝了吧。

作业	做
衣服	洗
药	吃
这本书	还
电视	关

（5）把卡子扳一下儿。

这条微信	看
门	关
这件衣服	洗
今天的生词	预习
昨天的语法	复习

（6）A：你把相机拿出来了没有？
　　B：没有。（我没有把相机拿出来。）

机票	放进去
插头	插进去
东西	取回来
照片	发出去
电脑	拿出来

3 选词填空 Choose the right words to fill in the blanks

登机牌儿　放　装　倒　出来　系　屋子　插　把

（1）请________护照给我看一下儿。
（2）把要托运的行李________上去吧。
（3）先生，请把________拿出来。
（4）小心（xiǎoxīn, to be careful），别把茶杯碰________了。
（5）帮我把手机从包里拿________。
（6）我给你把电池________上。
（7）________里有点儿热，快把空调开开吧。
（8）飞机要起飞了，请大家把安全带________好。
（9）把这个插头________进去就行了。

4 填上合适的动词、补语或动补结构 Fill in the blanks with appropriate verbs, complements or verb-complement constructions

（1）你把这几件衣服给我洗____________。

（2）师傅，请把这辆车________________。
（3）希望大家把新课________________。
（4）你要想办法把他找________________。
（5）我已经把那本书________________图书馆了。
（6）我把手提包放________________了。
（7）你去银行把这些钱取________________。
（8）请把这张桌子________________楼下。
（9）A：你把自行车________________给他了吗？
　　B：还没有呢。
（10）A：你把作业________________老师了没有？
　　B：我昨天就________________了。

5 把括号里的词语填在适当的位置上 Put the words in the brackets in the proper places

（1）A 他 B 没把我的车 C 修好呢，我们打的 D 去吧。（还）
（2）A 我 B 把这件事 C 告诉他，你也别 D 告诉他，好吗？（不想）
（3）生词 A 这么多，我不知道 B 才能 C 把这些生词 D 都记住。（怎样）
（4）接到电话以后，他就开 A 车到 B 车站 C 接朋友去 D。（了）
（5）我A把今天的课文B再C复习复习，有的地方我D还不太懂。（想）
（6）现在 A 把书 B 打开，请 C 先 D 听我说。（不要）

6 用"把"字句完成会话 Complete the dialogues with 把-sentences

（1）A：安全带怎么系？
　　B：________________________________。

（2）A：相机里的电池没电了。

B：________________________________。

（3）A：对不起，我把杯子碰倒了，水洒了一桌子。

B：没关系，________________________________。

（4）A：空调开得太大了，我觉得有点儿冷。

B：________________________________。

（5）A：外边刮大风了。

B：窗户还开着呢，________________________________。

7 把下列肯定句改成否定句 Change the following affirmative sentences into negative ones

> 例：我把衣服洗完了。
>
> →我没把衣服洗完。/ 我还没把衣服洗完呢。

（1）我把伞放在车里了。

____

（2）她把电脑关上了。

____

（3）我已经把书还给图书馆了。

____

（4）我记得你已经把电脑拿出来了。

____

（5）我已经把那些照片发给他了。

____

（6）我把钥匙从车上拔下来了。

（7）他把手机忘在家里了。

（8）他们已经把这个故事拍（pāi, to photograph; to shoot）成电影了。

8 改错句 Correct the sentences

（1）请你把一本杂志给我看看。

（2）以前我没把长城看见过。

（3）外边很冷，快把大衣穿穿。

（4）我来中国以后，很把朋友想。

（5）他把两盘饺子能吃完。

（6）你知道，我很把我的狗喜欢。

（7）我看见玛丽把宿舍进去了。

（8）我没把中国来以前不会说汉语。

____

9 下列情景怎么说（用"把"字句） What do you say in the following situations (using 把-sentences)

（1）屋子里太热，你想请服务员打开空调，怎么说？
（2）老师要你把作业本给他，你还没有做完，怎么对老师说？
（3）你去银行换钱，营业员问你换什么钱，你怎么说？
（4）在火车上，一位老人想把他的手提包放在行李架上，但他自己不能放上去，你要帮助他，怎么说？

10 综合填空 Fill in the blanks

补充生词 Supplementary words

①	摊儿	tānr	vendor's stand
②	价钱	jiàqián	price
③	称	chēng	to weigh
④	零钱	língqián	small change
⑤	塞	sāi	to fill in; to squeeze in
⑥	相信	xiāngxìn	to believe
⑦	感激	gǎnjī	to be thankful
⑧	轻松	qīngsōng	relieved

找 钱

下班以后，天都快黑①________，我想顺便买点儿菜带回家，就向一个菜摊儿走去。卖菜的是一个小伙子。问了价钱以后，我拿起一把菜，对他说："②________这些菜给我称一下儿。"

"您给3块吧！"他称了以后说。

"给，找吧。"我给了他一张10块的钱。

"您没零钱吗？"他问。

"没有了，就这一张。"

他找了半天，才把一把零钱放③________我手里说："您数一数吧。"

我接过钱没有数，往口袋里一塞，拿起菜，骑上车就走了。

骑了一会儿，我忽然觉得不对，就想，他找了我多少钱啊，我从车上下④________。从口袋里把钱拿出来认真地数⑤________数，小伙子找我了97块，多找给我90块钱！

还回去不回去呢？已经走这么远了……

就在我这么想的时候，脸上马上觉得发热。我怎么会有这种不好的想法，我的心变坏了吗？

想到这儿，就立刻骑上车回去找那个卖菜的小伙子。

天已经黑了。我远远看见那个小伙子正准备走，就跑过去⑥________他叫住："喂，等一下儿！"

"怎么了？"小伙子问我。

"你把钱找错了。"

"少找了吗？"

"不，你多找了。"

"不会吧？"

"怎么不会呢？你把我给你的10块钱看⑦________100块的了。"我说，"给，这是你多找的90块钱。"我把多找的钱还给了他。

他有点儿不太相信地把钱接过⑧________，很快，就感激地对我说："谢谢了！大哥，谢谢你了！你真是好人。"

我没有说话，骑上车就走了。这时，我心里才觉得轻松了。

（注：这个故事发生在上个世纪80年代，当时的10元人民币与100元的色调差不多。）

11 交际会话 Communication

指示 Giving instructions

经理：请把这份说明书翻译一下儿。

秘书：翻译成英文的吗？

经理：对。

秘书：什么时候要？

经理：下午能翻译完吗？

秘书：能。

经理：下午交给我吧。

秘书：好。

12 写汉字 Write the characters

qiǎ	丨 ⺊ 上 卡 卡
卡	
dài	一 十 卄 卅 卅 卅 带 带 带
带	
bān	一 十 扌 扌 扩 扳 扳
扳	

tāo 掏	一 扌 扌 扌 扚 扚 扚 掏 掏 掏 掏
piào 票	一 冖 冖 覀 覀 覀 覀 覀 票 票 票
àn 暗	丨 冂 日 日 日 日 日 日 暗 暗 暗 暗 暗
dēng 登	𠃌 癶 癶 癶 癶 癶 癶 登 登 登 登 登
xù 续	纟 纟 纟 纟 纟 纟 纟 纟 续 续 续
pái 牌	丿 片 片 片 片 片 片 牌 牌 牌 牌 牌
yìng 硬	一 𠂇 石 石 石 石 石 石 石 石 硬 硬
liáng 凉	丶 冫 冫 凉 凉 凉 凉 凉 凉 凉
sǎ 洒	丶 氵 氵 氵 氵 洒 洒 洒 洒

Dì-shíjiǔ kè
第十九课
Lesson 19

Wǒ de tuǐ bèi zìxíngchē zhuàngshāng le
我的腿被自行车撞伤了
My leg got injured in a bike crash

一 课文 Kèwén Text

（一）我的腿被自行车撞伤了 19-1

罗 兰：你的腿怎么了？

玛 丽：星期天我骑车上街的时候，被一个小伙子撞倒了，从车上摔下来把腿摔伤了。

罗 兰：要紧吗？

玛 丽：流了一点儿血，不要紧。

罗 兰：还疼吗？

玛 丽：还有点儿疼。

罗 兰：伤着骨头了没有？

玛 丽：我被撞倒后，小伙子看我躺在地上，马上叫了辆出租车，把我送到了医院。大夫给我检查了一下儿，还好，没伤到骨头。

罗 兰：那个小伙子是哪儿的？

玛 丽：是北京大学的学生。昨天他还来看过我。他也觉得挺不好意思的。我说，没什么，你又不是故意的。

罗 兰：街上人多车也多，骑车上街的时候，一定要特别小心。

玛 丽：可不是！

（二）钱包儿让小偷儿偷走了 19-2

（大山遇到了不少倒霉事…… Dashan has experienced quite a few unlucky events...）

大 山：真倒霉！

爱德华：怎么了？

大 山：唉，别提了，我的钱包儿让小偷儿偷走了。

爱德华：丢了多少钱？

大 山：钱不多，才几十块钱。但我最近遇到好几件倒霉事儿了。

爱德华：都遇到什么倒霉事儿了？

大 山：我刚买了一辆自行车，就叫人骑走了，到现在也没送回来。

爱德华：你还等着给你送回来呀？

大　山：上星期跟朋友一起去长城，出发时天气好好儿的，没想到，刚到就下雨了。雨下得还特别大，我们又没带雨伞，个个都被淋得像落汤鸡似的，衣服全都湿了。前天我坐出租车要去“首都剧场”，差点儿被司机拉到“首都机场”。他说我的音发得不准，把“剧场”说成“机场”了。你说可气不可气？

爱德华：怎么倒霉的事儿都让你碰上了？

大　山：所以，前几天我遇到一个算命的，就叫他给我算了一下儿。

爱德华：结果怎么样？

大　山：他说我今年运气不太好，明年就好了。为了感谢他，我给了他一百块钱。朋友们都说我傻，花钱受骗。没想到，那天跟大家一起去爬山，因为在山上抽烟，又被公园管理员罚了五十块钱。你说倒霉不倒霉？

爱德华：要是山上的树被你点着了，就更倒霉了。

大　山：你说得也对。所以从下星期起，我决定把烟戒掉，不抽了。

爱德华：为什么从下星期开始呢？

大　山：我的烟还能抽到下星期，要是不抽完就浪费了。

二　生词 Shēngcí　New Words

19-3

1. 腿	tuǐ	（名）	leg
2. 上街	shàng jiē		to go to the street
街	jiē	（名）	street
3. 被	bèi	（介）	by
4. 撞	zhuàng	（动）	to knock; to collide; to bump against
5. 倒	dǎo	（动）	to fall; to topple; to tumble down
6. 伤	shāng	（动）	to hurt; to injure
7. 要紧	yàojǐn	（形）	serious
不要紧	bú yàojǐn		not serious; doesn't matter
8. 流	liú	（动）	to shed; to flow
9. 血	xiě	（名）	blood
10. 骨头	gǔtou	（名）	bone
11. 躺	tǎng	（动）	to lie on one's back
12. 不好意思	bù hǎoyìsi		to feel sorry
13. 故意	gùyì	（副）	on purpose
14. 小心	xiǎoxīn	（形、动）	cautious; to be careful
15. 唉	ài	（叹）	*an interjection expressing sadness or regret*
16. 钱包（儿）	qiánbāor	（名）	wallet; purse

17. 让	ràng	（介）	by
18. 小偷（儿）	xiǎotōur	（名）	thief
19. 偷	tōu	（动）	to steal
20. 遇到	yùdào		to come across; to encounter
21. 叫	jiào	（介）	by
22. 淋	lín	（动）	to pour; to drench
23. 落汤鸡	luòtāngjī	（名）	(of a person) like a drenched chicken; to be soaked through
24. ……似的	……shìde	（助）	like...; as if...
25. 湿	shī	（形）	wet; moist; damp; humid
26. 首都	shǒudū	（名）	capital (of a country)
27. 剧场	jùchǎng	（名）	theater
28. 司机	sījī	（名）	driver
29. 拉	lā	（动）	to carry; to transport
30. 机场	jīchǎng	（名）	airport
31. 可气	kěqì	（形）	annoying
32. 算命	suàn mìng	（动）	(*superstition*) to tell sb.'s fortune
33. 运气	yùnqi	（名）	luck
34. 傻	shǎ	（形）	brainless; foolish; stupid
35. 花	huā	（动）	to spend
36. 受骗	shòu piàn	（动）	to be deceived; to be fooled
受	shòu	（动）	to receive; to suffer
骗	piàn	（动）	to lie; to deceive
37. 抽烟	chōu yān		to smoke
抽	chōu	（动）	to draw; to pump
烟	yān	（名）	cigarette

38. 罚	fá	（动）	to punish; to fine
39. 点	diǎn	（动）	to light; to kindle
40. 决定	juédìng	（动、名）	to decide; decision
41. 戒烟	jiè yān		to give up smoking
戒	jiè	（动）	to give up; to quit
42. 浪费	làngfèi	（动）	to waste

专名 Zhuānmíng Proper Nouns

大山	Dàshān	Dashan, name of a person

三 注释 Zhùshì Notes

1 还好，没伤到骨头。 I was lucky, no injury to the bone.

副词“还”用在形容词前，表示从好的方面说，情况或程度勉强过得去。

The adverb “还” is used before an adjective to mean that, considered positively, a certain condition or degree is passable, e.g.

（1）A：最近身体怎么样？

B：还好。

（2）屋子不太大，打扫得还干净。

2 钱不多，才几十块钱。 Not too much, only a few tens.

副词“才”在这里表示数量小，次数少。例如：

The adverb “才” here indicates that the quantity or the number of times is small, e.g.

（1）我们班才五个女同学。（数量小）

（2）我才去过两次。（次数少）

3 你说可气不可气？ Don't you think it was annoying?

汉语用“你说”加一个问句，表示征询对方的意见。

“你说” plus a question indicates an inquiry about the other side's opinion.

4 可气 annoying

“可 + 动词”（构成形容词）中，“可”是前缀，表示应该、值得。“可”常与表示心理状态的单音节动词组合。例如：

In the adjectival construction “可 + verb”, “可” is a prefix, meaning “should” and “worth (doing)”. “可” is often combined with monosyllabic verbs describing psychological states, e.g.

可气、可喜、可怕、可爱、可笑、可疑

四 语法 Yǔfǎ Grammar

1 被动意义的表达：“被”字句 Indicating the passive voice: The 被 -sentence

“被”字句是介词“被”及其宾语作状语来表示被动意义的动词谓语句。

A 被-sentence is a sentence with a verbal predicate in which the preposition “被” and its object are used as an adverbial expressing the passive voice.

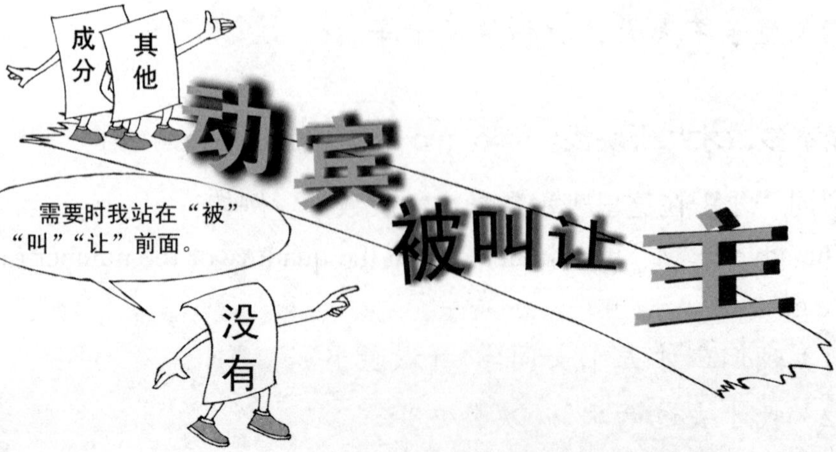

"被"字句的结构形式是：

The structure of a "被" sentence is:

主语 + 被（叫 / 让）+ 宾语 + 动词 + 其他成分
Subject + 被（叫 / 让）+ Object + Verb + Other elements

例如：e.g.

（1）我的钱包儿被小偷儿偷走了。

（2）我的自行车叫麦克骑去了。

（3）我的照相机让弟弟摔坏了。

（4）她的骨头没有被撞伤。

不需强调施事者时，"被"字的宾语可以省略。例如：

When the agent of an action doesn't need to be emphasized, the object of "被" may be omitted, e.g.

（1）我的钱包儿被偷了。

（2）他被淋成落汤鸡了。

口语中，一般用介词"让""叫""给"来替代"被"。用"让""叫"时，后边必须有宾语（施事者）。例如：

In spoken language, "被" is often replaced by the prepositions "让", "叫" and "给". When "让" or "叫" is used, the object (agent) must be given, e.g.

（1）我的词典叫玛丽借去了。

不能说：* 我的词典叫借去了。

（2）我的车让弟弟开走了。

不能说：* 我的车让开走了。

否定副词或能愿动词要放在"被（叫 / 让）"的前面，不能放在动词的前面。否定句句尾，不允许出现"了"。例如：

The negative adverbs or modal verbs should be placed before "被（叫 / 让）", not before the verb; "了" is not allowed to appear at the end of the negative sentence, e.g.

（1）还好，骨头没有被车撞伤。

不能说：* 还好，骨头被车没有撞伤了。

（2）我的车没有叫他借走。

不能说：* 我的车叫他没有借走。

2 又 The adverb “又” (again)

副词“又”可以表示补充、追加；在否定句或反问句中，还有强调语气的作用。例如：

The adverb “又” can be used to make a complementary or additional remark. In negative sentences or rhetorical questions, it has the function of emphasizing the tone, e.g.

（1）雨下得特别大，我们又没带雨伞，个个被淋得像落汤鸡似的。

（2）没关系，你又不是故意的。

（3）这点儿小事儿又能浪费你多长时间？

五 练习 Liànxí Exercises

1 语音 Phonetics 19-4

（1）辨音辨调 Distinguish the pronunciations and tones

gǔtou	kǔtóur	xiǎoxīn	xiàoxīn
yùdào	yǔdiào	kěqì	kèqi
yùnqi	yìqǐ	chōu yān	shǒuxiān

（2）朗读 Read out the following phrases

丢了钱包儿	丢了东西	丢了护照	丢了自行车
浪费钱	浪费时间	浪费水	浪费电
差点儿撞伤	差点儿撞坏	差点儿丢了	差点儿忘了

被人偷了　　被人骗了　　让车撞了　　让雨淋了
淋得像落汤鸡似的　　高兴得像孩子似的

2 替换 Substitution exercises

补充生词 Supplementary words

① 卷尺	juǎnchǐ	tape measure
② 电子秤	diànzǐchèng	electronic scale
③ 钳子	qiánzi	pliers
④ 剪刀	jiǎndāo	scissors
⑤ 拍	pāi	to photograph; to shoot

（1）A：怎么了？
B：我的腿被自行车撞伤了。

眼镜儿让我摔坏
钱包儿让小偷儿偷走
自行车让人撞坏
衣服被雨淋湿
咖啡让我碰洒

（2）A：骨头被撞伤了没有？
B：没有。（骨头没有被撞伤。）

头	撞伤
腿	撞伤
自行车	撞坏
钱	偷走
手机	摔坏

（3）A：把你的车借给我用用，好吗？
B：对不起，我的车叫朋友骑去了。

卷尺	拿走
伞	拿走
电子秤	拿走
钳子	借去
剪刀	借去

（4）A：听说他被公司派到中国去工作了。

B：是。

她被学校送到国外去留学
他被送到医院去
他被自行车撞伤
麦克的钱包儿被小偷儿偷走
这本小说儿被拍成电影
这本小说儿被翻译成英文

3 选词填空 Choose the right words to fill in the blanks

故意　偷　淋　要紧　骗　丢　罚　叫　撞　给

（1）真倒霉，刚买的自行车就被小偷儿________走了。

（2）因为没带雨伞，被________得像落汤鸡似的。

（3）因为行李超重（chāo zhòng, overweight），被机场________了一百多块钱。

（4）A：真对不起！

B：没什么，你又不是________的。

（5）A：你的腿怎么了？

B：让自行车________了一下儿。

（6）A：她的伤________吗？

B：不要紧，骨头没被碰伤，只是流了一点儿血。

（7）他被那个算命的________走了一百块钱。

（8）A：你的手提包儿呢？

B：手提包儿让我不小心________了。

（9）A：把你的车借________我用用好吗？

B：我的车________张东借去了。

4 **用“被、叫、让”改写下列句子** Rewrite the following sentences with “被”, “叫” and “让”

（1）一个姑娘捡到我的钱包儿以后，给我送来了。

____

（2）他不小心把杯子打碎了。

____

（3）大风把树上的苹果刮掉了。

____

（4）张东把我的自行车骑走了。

____

（5）玛丽把我的书借去了。

____

（6）她把那些旧杂志都卖了。

____

5 **下列情景怎么说（用上“被、叫、让”）** What do you say in the following situations (using “被”, “叫” and “让”)

（1）下课后，你发现同桌把你的书拿走了，把他的书给你留下了，怎么说？

（2）你滑冰时把腿摔伤了，同学问你怎么了，你怎么回答他？

（3）你不小心把杯子碰到地上摔碎了，妈妈问你，你怎么回答？

（4）去看电影，到电影院门口才发现记错时间了，朋友问你，你怎么说？

（5）下雨了，朋友从外边回来，衣服都淋湿了，你要他把衣服换下来，怎么说？

6 改错句 Correct the sentences

（1）我的衣服都让雨湿了。

____

（2）真对不起，你的相机让我坏了。

____

（3）我的自行车叫借走了。

____

（4）我没被自行车撞倒了。

____

（5）钥匙被我忘拔下来了。

____

（6）我们班好几个同学都被感冒了。

____

（7）我们刚到公园就被天下雨了。

____

（8）今天的作业被我没做完。

____

7 综合填空 Fill in the blanks

补充生词 Supplementary words

① 解雇 jiěgù to fire; to discharge

②	炒鱿鱼	chǎo yóuyú	(of a squid) to roll up when being cooked, like rolling up one's sheets to prepare for departure—to fire; to sack
③	束	shù	bunch; bouquet
④	卡片	kǎpiàn	card
⑤	致	zhì	to send; to extend
⑥	哀悼	āidào	to lament sb.'s death; to grieve
⑦	贺卡	hèkǎ	congratulation card
⑧	葬礼	zànglǐ	funeral

我被解雇了

"你还①________那家花店工作吗？"

"不了，我②________老板炒鱿鱼了。"

"为什么？"

"每次给人家送花儿之前，我得在每束花儿里放上一③________卡片。上次，我把两张卡片放错了。"

"你是怎么放④________？"

"我⑤________送到婚礼上去的花儿里放上了一张'致以深深的哀悼'；而那张新婚贺卡却被我放到了送给葬礼的花儿里去了。"

"上面写的什么？"

"祝你们⑥________新的家幸福快乐！"

8 交际会话 Communication

（1）打听　Inquiring about something

A：听说你先生出国了？

B：是啊，他被公司派到中国去工作了。

A：你去吗？

B：我下个月就去。

（2）相信 Expressing belief

玛 丽：你的脖子（bózi, neck）还疼吗？

麦 克：一点儿也不疼了。

玛 丽：吃的什么药？

麦 克：什么药也没吃就好了。

玛 丽：真的？我不相信。

麦 克：真的！我不骗你。是让大夫按摩好的。

玛 丽：是吗？按摩有那么灵（líng, effective）吗？

麦 克：开始我也不相信。大夫按摩以后，马上就不疼了。我才相信按摩真好，又舒服又治病。

9 写汉字 Write the characters

bèi	丶 ㇇ 礻 礻 礻 衤 衤 衤 被 被
被	
shì	丿 亻 亻 亻 似 似
似	
gǔ	丨 冂 冂 冎 冎 冎 骨 骨 骨
骨	
jǐn	丨 丨 ⺊ 収 収 坚 坚 紧 紧 紧
紧	
shāng	丿 亻 亻 亻 伤 伤
伤	

tuǐ	腿
jiē	街
tōu	偷
piàn	骗
làng	浪
fèi	费
yù	遇
shǎ	傻
fá	罚
jiè	戒

Dì-èrshí kè
第二十课
Lesson 20

Wǒ kàn de dǒng, dànshì tīng bu dǒng
我看得懂，但是听不懂
I can understand the scenes, but not the lines

一 课文 Kèwén Text

（一）我看得懂，但是听不懂 20-1

玛 丽：你看过京剧吗？

山 本：看过一次。

玛 丽：看得懂吗？

山 本：看得懂，但是听不懂。看了演出能猜出大概的意思。

玛 丽：我也是，一点儿也听不懂演员唱的是什么，只是觉得很热闹。

山 本：我觉得京剧唱得特别好听，武打动作也很精彩。我还喜欢京剧的脸谱，京剧用各种脸谱来表现人物的社会地位和性格，十分有趣。

玛 丽：京剧的服装也很美，我想买一套带回国去。

山　本：你怎么这么喜欢京剧呢？

玛　丽：我是受中文老师的影响，他可是一个京剧迷。我想，京剧是中国的传统艺术，要把汉语学好，也应该多了解一些中国文化。

山　本：要是有时间的话，咱们一起去看一次，好吗？

玛　丽：好啊。

（二）她有事，去不了 20-2

昨天我给山本打电话，约她晚上一起去看京剧。但是她说晚上有事，去不了。所以我们就决定今天晚上去。

我们是下午五点半出发的。正是下班时间，路上人多车也多。公共汽车上不去，我们只好打的。我担心买不到票，但是山本说，票好买，肯定买得到。

到了剧场，山本说要买前十排的，因为她的眼睛不太好，坐得太远看不清楚。但是，前十排的票都卖完了，没买到，我们买的是十二排的。

这个剧场不大，估计坐不下一千人。离开演还有十多分钟，人差不多都坐满了。

我拿了一张节目单。上面全是中文，没有英文，我看不懂。山本看了看说："这是一个古代神话故事。说的是天上一个仙女，很羡慕人间的生活，就偷偷儿来到人间，跟一个小伙子结了婚。后边的内容我也看不懂。不过，不用担心，看不懂节目单，一定看得懂表演。"

看完以后，我大概看懂了这个故事。我对山本说，以后周末，我们还来看吧，京剧真有意思。

二 生词 Shēngcí New Words

20-3

1. 演出	yǎnchū	（动）	to perform; to put on a show
2. 猜	cāi	（动）	to guess
3. 演员	yǎnyuán	（名）	actor; actress
4. 武打	wǔdǎ	（名）	acrobatic fighting
5. 动作	dòngzuò	（名）	movement; motion
6. 精彩	jīngcǎi	（形）	wonderful; splendid
7. 表现	biǎoxiàn	（动）	to show; to display; to manifest
8. 人物	rénwù	（名）	character; person in a book, play, etc.
9. 社会	shèhuì	（名）	society
10. 地位	dìwèi	（名）	status
11. 性格	xìnggé	（名）	temperament; disposition; personality
12. 十分	shífēn	（副）	quite; very
13. 有趣	yǒuqù	（形）	interesting; amusing
14. 服装	fúzhuāng	（名）	clothing; costume

15. 影响	yǐngxiǎng	（动、名）	to influence; influence
16. 传统	chuántǒng	（形、名）	traditional; tradition
17. 艺术	yìshù	（名）	art
18. 了解	liǎojiě	（动）	to understand; to know
19. 的话	dehuà	（助）	(*used at the end of a conditional clause*) if
20. 约	yuē	（动）	to make an appointment in advance; to invite in advance
21. 了	liǎo	（动）	(*used in conjunction with* "得" *or* "不" *after a verb to express possibility*) can
22. 担心	dān xīn	（动）	to be anxious about; to worry about
23. 排	pái	（量）	row; line
24. 估计	gūjì	（动）	to reckon; to estimate
25. 下	xià	（动）	*used after a verb to indicate room or space*
26. 开演	kāiyǎn	（动）	(of a play, movie, etc.) to begin
27. 满	mǎn	（形）	full; filled
28. 节目单	jiémùdān	（名）	playbill; menu
29. 古代	gǔdài	（名）	ancient times
30. 神话	shénhuà	（名）	mythology; myth
31. 天上	tiānshàng	（名）	sky; heaven
32. 仙女	xiānnǚ	（名）	fairy maiden; female immortal
33. 羡慕	xiànmù	（动）	to admire; to envy
34. 人间	rénjiān	（名）	world; human world
35. 偷偷（儿）	tōutōur	（副）	stealthily; covertly

36. 内容　　nèiróng　　（名）　　content; substance

三 注释 Zhùshì　Notes

古代 ancient times

距离现在较远的时代。区别于“近代”和“现代”。汉语里“古代”指1840年以前，“近代”指1840—1919年，“现代”则指1919—1949年，“当代”指目前这个时代。

“古代” is the distant past from now. It is distinguished from “近代” (early modern age) and “现代” (modern age). In Chinese, “古代” refers to the years before 1840, “近代” refers to the years between 1840 and 1919, “现代” refers to the years between 1919 and 1949, and “当代” (contemporary age) refers to the current era.

四 语法 Yǔfǎ　Grammar

1 可能补语（1）Complements of potentiality (1)

可能补语表示主客观条件能否允许进行某种动作或实现某种结果和变化。

A complement of potentiality indicates whether the subjective and objective conditions allow an action to take place or an effect or change to be realized.

肯定式：动词 + 得 + 结果补语 / 趋向补语
The affirmative form: Verb + 得 + Complement of result / Complement of direction

例如：e.g.

（1）A：我们现在去买得到票吗？

B：别担心，买得到。

（2）A：晚上七点以前你回得来吗？
　　B：回得来。

否定式：动词 + 不 + 结果补语 / 趋向补语
The negative form: Verb + 不 + Complement of result / Complement of direction

例如：e.g.

（1）A：今天的作业一个小时做得完吗？
　　B：今天的作业太多，一个小时做不完。

（2）这山太高了，我爬不上去。

正反疑问句形式：肯定式 + 否定式 + ？
The affirmative-negative question: Affirmative form + Negative form + ?

例如：e.g.

（1）老师的话你听得懂听不懂？

（2）你不戴眼镜儿看得见看不见？

（3）现在去，晚饭前回得来回不来？

交际中用得较多的是可能补语的否定形式。肯定形式主要用来回答可能补语的提问，表示不太肯定的推测。例如：

The negative form of a complement of potentiality is used more often than the affirmative form in daily communication. The affirmative form is mainly used to answer the question posed by the complement and indicate an uncertain conjecture. For example:

（1）我一点儿也听不懂他唱的是什么。

（2）她晚上有事去不了。

（3）我的眼睛不太好，坐得太远看不清楚。

（4）A：这个故事你看得懂看不懂？
　　B：看得懂。

（5）我们去看看吧，也许买得到。

使用可能补语时要清楚主客观条件。例如：

When using a complement of potentiality, one must have clear knowledge about the subjective and objective conditions, e.g.

（1）我没有钥匙，进不去。

（2）作业不多，一个小时做得完。

动词带宾语时，可以放在补语后，也可以置于动词前作主语，但不能放在动词和补语之间。例如：

If the verb takes an object, the object can be placed after the complement or before the verb as the subject, but not between the verb and the complement, e.g.

（1）A：你听得懂老师的话吗？/老师的话你听得懂吗？

B：我听得懂。

（2）A：你看得清楚地图上的字吗？/地图上的字你看得清楚吗？

B：我没戴眼镜儿，看不清楚。

需要特别提醒的是：带可能补语的句子表示可能，所以不能用于“把”字句。例如：

A special reminder: A sentence with a complement of potentiality indicates possibility; therefore, it cannot be a 把-sentence, e.g.

不能说：* 我把老师的话听得懂。

* 她把这个箱子提不动。

比较：能愿动词“能”和可能补语的用法

Compare: The usage of the modal verb “能” and complements of potentiality

1. 当表示行为者的自身能力或条件允许与否时，可以用“能/不能+动词”形式，也可以用可能补语。例如：

To indicate whether someone’s personal ability or condition permits someone to do something, either “能/不能 + verb” or a complement of potentiality can be used, e.g.

（1）今天我有时间，能去。

也可以说：今天我有时间，去得了。

（2）今天我没有时间，不能去。

也可以说：今天我没有时间，去不了。

2. 劝止某种动作行为发生时，只能用“不能 + 动词”的形式。例如：

To dissuade someone from doing something, we can only use “不能 + verb”, e.g.

（1）那儿太危险，你不能去。

不能说：* 那儿太危险，你去不了。

（2）这东西不是你的，你不能拿。

不能说：* 这东西不是你的，你拿不了。

3. 当表示主客观条件不具备时，一般只用可能补语。例如：

To indicate the conditions are not sufficient, we normally use complements of potentiality only, e.g.

（1）东西太多了，你拿不了。

不能说：* 东西太多了，你不能拿。

（2）屋子里太黑，我看不见。

不能说：* 屋子里太黑，我不能看见。

2 表示动作能否发生或完成：动词 + 得 / 不 + “了”(liǎo) Indicating whether an action can take place or be completed: Verb + 得 / 不 + “了” (liǎo)

1. 表示动作行为能否发生。例如：

Indicating whether an action can take place, e.g.

（1）A：明天参观，你去得了吗？

B：我明天有事儿，去不了。

走不了

（2）A：他自己走得了吗？

B：他腿摔伤了，自己走不了。

2. 表示动作行为能否完成（“了”有“完”的意思）。例如：

Indicating whether an action can be completed (“了” implies “to finish, complete, etc.”), e.g.

吃不了

（1）A：你吃得了这么多饺子吗？

B：吃不了。

（2）坐飞机去用不了三个小时就到了。

③ 表示空间能否容纳：动词 + 得 / 不 + “下” Indicating whether the space is big enough to accommodate: Verb + 得 / 不 + “下”

例如：e.g.

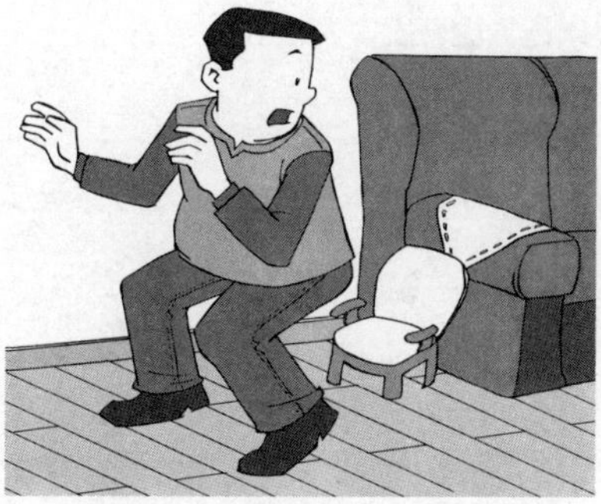

坐不下

（1）A：这个教室坐得下三十个人吗？

B：这个教室太小，坐不下。

（2）A：把我的大衣装进去吧。

B：这个包儿太小，大衣太大了，装不下。

五 练习 Liànxí　Exercises

1 语音 Phonetics　20-4

（1）辨音辨调　Distinguish the pronunciations and tones

dìwèi	tǐhuì	yǒuqù	yǒu qì
yìshù	yīshù	gūjì	gùjì
yǐngxiǎng	yìnxiàng	zhǐshì	zhīshi

（2）朗读　Read out the following phrases

看得见	看不见	听得懂	听不懂	看得清楚	看不清楚
去得了	去不了	吃得了	吃不了	来得了	来不了
买得到	买不到	做得到	做不到	看得到	看不到
坐得下	坐不下	装得下	装不下	放得下	放不下
上得去	上不去	进得去	进不去	出得去	出不去

2 替换 Substitution exercises

补充生词 Supplementary words

① 篇	piān	*a measure word for writings, publications, etc.*
② 桥	qiáo	bridge
③ 雾	wù	fog
④ 广播	guǎngbō	radio; broadcast
⑤ 辣	là	hot; spicy

（1）A：你看得懂这个句子吗？
　　B：看得懂。

听	懂	老师的话
看	懂	这篇课文
看	见	上面的字
听	见	我的声音

（2）A：你看得见黑板上的字吗？
　　B：我眼睛不好，看不见 / 看不清楚。

前面的人	天太黑
前边那座桥	离得太远
这本词典上的字	字太小
节目单上的字	我没戴眼镜儿
那辆汽车	雾太大

（3）A：火车票买得到买不到？
　　B：买得到。

飞机票	买
张大夫	请
他住的地方	找
这本书	借
中文广播	听

（4）A：上得去吗？

B：车上人太多，上不去。

进	没有钥匙
下	前边没有路
过	没有桥
出	前边堵车
回	买不到机票

（5）A：你去得了吗？

B：我有事儿，去不了。

来	我没有时间
吃	饺子要得太多了
吃	菜太辣了
拿	东西太多
参加	我身体不舒服

（6）A：这个剧场坐得下坐不下五百人？

B：这个剧场太小，坐不下。

这个教室	坐	二十个人
这个房间	住	四个人
那个屋子	放	这张桌子
这张纸	写	四个大字
这个书架	摆	这些书

3 选词填空 Choose the right words to fill in the blanks

A. 肯定　影响　估计　性格　内容　只是　担心　艺术　武打　只好

（1）我最喜欢看他演的________片。

（2）我喜欢她那活泼开朗的________。

（3）你请假去旅行，老师________不准。

（4）因为太晚了，没有公共汽车了，________打的去。

（5）京剧是中国的传统________，听说年轻人不太喜欢。

（6）她是受姐姐的________才来中国学汉语的。

（7）我________对京剧感兴趣，但不会唱。

（8）她现在还不来，我________是遇到什么事了。

（9）不用________，妈妈的病很快就会好的。

（10）这本书的________怎么样？

B.

（1）请代我________你爸爸妈妈问好。

A. 给　　B. 把　　C. 被　　D. 向

（2）她现在不在办公室，她家里有电话，你把电话________。

A. 到她家里去打吧　　B. 去她家里打吧

C. 打到她家里去吧　　D. 打去她家里吧

（3）我看这本杂志________有一张照片，很像你。

A. 里　　B. 中　　C. 外　　D. 下

（4）昨天晚上我一直学习到很晚才睡，只________。

A. 睡觉了四五个小时　　B. 四五个小时睡觉

C. 睡了四五个小时觉　　D. 睡四个五个小时觉

（5）这篇课文比较难，我________。

A. 看得不懂　　B. 不看懂　　C. 看得懂　　D. 看不懂

（6）A：我现在能进去找他吗？

B：对不起，他正在上课，现在还________。

A. 进不去　　B. 不能进去　　C. 进得去　　D. 进得不去

4 用下列词组填空 Fill in the blanks with the following phrases

看不懂　看得完　拿不了　放不下　参加得了
买得到　坐不下　听不懂　出不去　起得来

（1）这本书很好，我也想买一本，还________吗？
（2）玛丽，明天晚上我们准备举行圣诞晚会，你________吗？
（3）我们明天早上六点出发，你________吗？
（4）东西太多了，她一个人________，你去帮帮她吧。
（5）从这儿________，我们走那个门吧。
（6）房间太小，________那么多人。
（7）书太多了，家里的书架已经________了。
（8）老师的话我听得懂，但是还________中文广播。
（9）借了这么多的书，你一个月________吗？
（10）我的汉语水平很低，还________中文小说儿。

5 完成句子 Complete the sentences

例：A：明天去得了公园吗？
B：要是下雨的话，就去不了了。

（1）A：这本书图书馆借得到借不到？
B：________，借不到。

（2）A：我想看这个展览，不知道买得到买不到票？
B：________，买不到。

（3）A：你星期天回得来吗？
B：________，回得来。

（4）A：明天我们去看展览，你跟我们一起去吧。

B：＿＿＿＿＿＿＿＿＿＿＿，可能去不了。

（5）A：晚上七点去看京剧，六点以前你回得来回不来？

B：＿＿＿＿＿＿＿＿＿＿＿，回得来。

（6）A：黑板上的字你看得清楚看不清楚？

B：＿＿＿＿＿＿＿＿＿＿＿，看不清楚。

6 改错句 Correct the sentences

（1）中文广播说得太快了，我不能听懂。

＿＿＿＿＿＿＿＿＿＿＿＿＿＿＿＿＿＿＿＿

（2）今天的作业太多了，我做到十点也不做完。

＿＿＿＿＿＿＿＿＿＿＿＿＿＿＿＿＿＿＿＿

（3）你把中文小说儿看得懂看不懂？

＿＿＿＿＿＿＿＿＿＿＿＿＿＿＿＿＿＿＿＿

（4）因为买不了机票，今天我不能回去。

＿＿＿＿＿＿＿＿＿＿＿＿＿＿＿＿＿＿＿＿

（5）我把今天的作业做得完。

＿＿＿＿＿＿＿＿＿＿＿＿＿＿＿＿＿＿＿＿

（6）刚来中国时，我一句汉语也没听懂。

＿＿＿＿＿＿＿＿＿＿＿＿＿＿＿＿＿＿＿＿

（7）这些菜你吃得完吃得不完？

＿＿＿＿＿＿＿＿＿＿＿＿＿＿＿＿＿＿＿＿

（8）这个包儿放得不下这么多书。

____

7 下列情景怎么说（用"动词 + 可能补语"）What do you say in the following situations (using "verb + complement of potentiality")

（1）朋友请你去参加一个舞会，你有事不能去，怎么对朋友说？

（2）你踢球时腿摔伤了，今天不能去上课了，怎么打电话向老师请假？

（3）你买了很多东西，自己拿不了，正好看见麦克过来，你想请他帮你拿，怎么说？

（4）上听力课时你的耳机（ěrjī, headphones）没有声音，你怎么对老师说？

8 综合填空 Fill in the blanks

补充生词　Supplementary words

①	南辕北辙	nányuán-běizhé	to try to go south by driving the chariot to the north—to act in opposite to one's goal
②	富翁	fùwēng	rich man
③	赶	gǎn	to drive
④	挑	tiāo	to carry on the shoulder with a pole
⑤	指	zhǐ	to point to
⑥	车夫	chēfū	driver (of a cart, carridge, rickshaw, etc.)
⑦	身强力壮	shēnqiáng-lìzhuàng	(of a person) strong and tough

⑧ 技术	jìshù	technique
⑨ 简直	jiǎnzhí	simply; virtually
⑩ 道理	dàolǐ	truth; reason; principle
⑪ 继续	jìxù	to go on; to continue

南辕北辙

这是中国古代的一个故事。

前边跑过来了一辆马车，①________坐着一个大富翁，后面放着一个大箱子，前面还坐着一个赶车的。赶车的不停地赶着马，马车跑②________飞快。

路上走过来一位老人。老人挑着水。

大富翁看见这位老人，③________叫赶车的停下车，想向老人要点儿水喝。

老人问他们要到什么地方去，富翁大声地说："我们要到楚（Chǔ）国去。"

老人一听就笑了，他对富翁说："你们走错了，楚国在南边，应该往南走，怎么往北走呢？"

富翁说："没关系，你看，我的马跑得很④________。"

老人又说："你的马跑得再快，⑤________这不是去楚国的路啊。马跑得越快离楚国越远。"

"没问题。"大富翁指着车上的箱子说，"您看，这个大箱子里装着很多钱呢。"

"你是有很多钱，可是走的方向不对，是到不了楚国的。"

大富翁又指着赶车的说："你看我这个车夫，身强力壮，赶车的技术也特别好。"

老人觉得这位先生简直不懂道理，⑥________说："你的车夫是不错。可是，楚国在南边，你却要他赶着车往北跑，⑦________到得了楚国呢？"

大富翁听了老人的话，不高兴地说："我们已经走⑧________好几百里路了，怎么能再往回走呢？"

说完他就让赶车的继续赶着车一直往北跑去，车越跑越快，一会儿就看不见了。

9 交际会话 Communication

（1）拒绝　Refusing

① A：星期六我们一起去看京剧，怎么样？

B：京剧我看不懂，不想去。

② A：这么多东西你一个人可能拿不了，我来帮你拿吧。

B：谢谢，不用了。我拿得了。

（2）通知　Informing

女：喂，是赵教授吗？

男：我是赵文。你是哪位？

女：我是小张。

男：小张，有什么事儿吗？

女：请您明天上午参加一个会。

男：在什么地方？

女：在三楼会议室。

男：几点？

女：八点半。

男：好，知道了。

10 写汉字 Write the characters

拼音	汉字	笔顺
cāi	猜	丿 犭 犭 犭一 犭二 犭丰 犭丰 犭青 猜 猜 猜
liǎn	脸	丿 月 月 月 月丿 肸 肸 胗 脍 脸 脸
shè	社	丶 ㇇ 礻 礻 礻一 社 社
xìng	性	丶 丷 忄 忄丿 忄𠂉 忄仁 忄生 性
gé	格	一 十 才 木 木丿 杦 枚 柊 格 格
yì	艺	一 十 艹 艺
shù	术	一 十 才 木 术
mǎn	满	丶 冫 氵 氵一 氵十 氵廾 氵艹 氵艹 满 满 满 满 满
dān	担	一 十 扌 扌丨 扣 扣 担 担

拼音	汉字	笔顺
gū	估	丿 亻 仁 什 什 估 估
jì	计	丶 讠 订 计
xiàn	羡	丶 丷 䒑 兰 兰 羊 羊 羊 羊 羡 羡 羡
mù	慕	一 十 艹 艹 节 苗 草 草 莫 莫 慕 慕 慕 慕

Dì-èrshíyī kè
第二十一课
Lesson 21

Shān zhème gāo, nǐ pá de shàngqù ma
山这么高，你爬得上去吗
The mountain is so high. Are you sure you can climb it

一 课文 Kèwén Text

（一）山这么高，你爬得上去吗 21-1

（王老师和林老师跟同学们一起去爬山…… Mr. Wang and Ms. Lin are going mountain climbing with the students...）

林老师：王老师，咱们怎么上山？坐缆车上去还是爬上去？

王老师：别坐缆车了。跟同学们一起爬上去吧。

林老师：山这么高，你爬得上去吗？

王老师：没问题。爬得上去。

（老师和同学们一起爬山…… The teachers and students are climbing the mountain together...）

林老师：美英，我看你累得都喘不上气来了，还爬得动吗？

李美英：爬得动。

林老师：别着急，一步一步地往上爬，爬不动的时候就休息一会儿。走，咱们一起爬，要坚持到底，坚持就是胜利。……王老师，加油儿啊！

王老师：刚爬一会儿就出了一身汗，我休息一会儿再接着爬，比不了你们年轻人啦。

……

李美英：啊，看，王老师也爬上来了。

王老师：麦克，别从那儿上，太危险了。要注意安全。

麦　克：知道了。

（二）我担心自己演不好

21-2

（同学们都在积极准备节目，参加联欢会…… The students are all actively preparing for the get-together party...）

林老师：爱德华，咱们班参加联欢会的节目准备得怎么样了？

爱德华：大家都在积极地准备呢。

林老师：你表演什么节目？

爱德华：我和麦克说个相声。可是我总记不住台词，正背台词呢。

林老师：背会了吗？

爱德华：快了。山本，你们的小话剧呢？

山　本：我们也正在排练呢。有的音我发不准，我请田芳一句一句地给我纠正。

林老师：谁跟你一起表演？

山　本：原来是玛丽，可是玛丽腿受伤了，参加不了了。我请罗兰跟我一起表演。

罗　兰：我担心自己演不好。

林老师：要有自信，相信自己能演好。

山　本：只要我们好好儿练，就一定能演好。“世上无难事，只怕有心人”嘛！

罗　兰：我一定努力，争取演出成功。

山　本：老师，您也给我们表演个节目吧。

林老师：我准备了一首歌，不过，很长时间没唱了，恐怕唱不好。

山　本：老师，这个地方这么小，坐得下二百多人吗？

林老师：联欢会在楼下小礼堂举行，那儿能坐下三四百人呢。

二　生词 Shēngcí　New Words

21-3

1. 缆车	lǎnchē	（名）	cable car
2. 喘气	chuǎn qì	（动）	to breathe; to pant
3. 动	dòng	（动）	to move
4. 到底	dào dǐ	（动）	to the end; to the finish
5. 胜利	shènglì	（动）	to succeed; to win a victory
6. 加油（儿）	jiā yóur	（动）	(*used to cheer sb. on*) to come on; to make more efforts
7. 出汗	chū hàn		to sweat
汗	hàn	（名）	sweat
8. 接着	jiēzhe	（副）	following (an action); carrying on (an action)
9. 比	bǐ	（动）	to compare
10. 危险	wēixiǎn	（形、名）	dangerous; danger
11. 积极	jījí	（形）	active
12. 相声	xiàngsheng	（名）	crosstalk; comic dialogue
13. 台词	táicí	（名）	actor's lines
14. 背	bèi	（动）	to recite from memory; to learn by heart
15. 话剧	huàjù	（名）	drama; stage play
16. 排练	páiliàn	（动）	to rehearse
17. 纠正	jiūzhèng	（动）	to correct
18. 受伤	shòu shāng	（动）	to be injured; to be wounded
19. 演	yǎn	（动）	to play; to act; to perform
20. 自信	zìxìn	（名、形）	self-confidence; confident
21. 相信	xiāngxìn	（动）	to believe

22.	只要…… 就……	zhǐyào…… jiù……		as long as... will...
23.	世上	shìshàng	（名）	in the world; on earth
24.	无	wú	（动）	to not have; there is not
25.	怕	pà	（动）	to fear; to be afraid of
26.	心	xīn	（名）	heart
27.	争取	zhēngqǔ	（动）	to strive for; to try to realize
28.	恐怕	kǒngpà	（副）	afraid that...; probably; maybe

三 注释 Zhùshì Notes

1 没问题。 No problem.

没有困难，能够做到。用于表达鼓励、同意等。例如：

It means "to have no problem doing something". It is used to express encouragement or agreement, etc., e.g.

（1）A：一个小时做得完吗？
　　B：没问题。

（2）A：老师，我能学好汉语吗？
　　B：没问题。你一定能学好。

（3）A：你能帮我办件事儿吗？
　　B：没问题。

2 加油儿！ Come on!

比喻进一步努力。

It is used metaphorically to encourage someone to try harder.

3 **世上无难事，只怕有心人。** Nothing in the world is difficult for one who sets his mind on it.

汉语俗语。意思是只要按照自己的目标努力去做，肯动脑筋想办法，就一定能克服困难，获得成功。

It is a Chinese saying, meaning that if one sets his/her mind on a goal and strives hard for it, he/she will surely overcome all difficulties and eventually succeed.

四 语法 Yǔfǎ Grammar

1 可能补语（2）Complements of potentiality (2)

1 动词 + 得 / 不 + “动” Verb + 得 / 不 + “动”

动词“动”作可能补语表示动作能否使人或物移动位置。例如：

As a complement of potentiality, the verb “动” indicates whether an action is able to change the position of someone or something, e.g.

（1）A：你一个人搬得动吗？

B：这张桌子不重，我搬得动。

（2）已经爬了半个小时了，我有点儿爬不动了。

2 动词 + 得 / 不 + "好"　Verb + 得 / 不 + "好"

形容词"好"作可能补语表示动作能否达到完善，令人满意。例如：

As a complement of potentiality, the adjective "好" indicates whether an action can be satisfactorily accomplished, e.g.

（1）我担心这个节目演不好。

（2）要相信自己学得好。

3 动词 + 得 / 不 + "住"　Verb + 得 / 不 + "住"

动词"住"作可能补语表示动作能否使某事物固定或存留于某处。例如：

As a complement of potentiality, the verb "住" indicates whether or not an action can make something fixed or stay in a certain place, e.g.

（1）A：你一天记得住 20 个生词吗？
　　B：我想记得住。

（2）A：我扔给你，接得住吗？
　　B：太远了，我接不住。

2 可能补语与状态补语 Complements of potentiality vs complements of state

二者区别如下　The differences between the two are as follows：

1. 可能补语表示可能实现的结果，而状态补语表示已经实现的结果。前者的句重音在动词上；后者的句重音在状态补语上。例如：

A complement of potentiality indicates a potentially possible result, while a complement of state indicates a result that has already come out. For the former, the sentence stress falls on the verb; for the latter, it falls on the complement. For example:

（1）他'演得好这个节目。（可能补语，可能但无结果。）

（2）这个节目他演得'好。（状态补语，评价、称赞已有结果。）

2. 否定式不同。例如：

Their negative forms differ, e.g.

（1）这个节目她担心演不好。（可能补语）

（2）这个节目她演得不好。（状态补语）

3. 正反疑问句的形式不同。例如：

Their affirmative-negative question forms also differ, e.g.

（1）这个节目她演得好演不好？（可能补语）

（2）这个节目她演得好不好？（状态补语）

4. 可能补语能带宾语，状态补语不能带宾语。例如：

A complement of potentiality may take an object, while a complement of state cannot, e.g.

我演不好这个节目。（可能补语）

不能说：* 我演得不好这个节目。（状态补语）

3 只要……就……　as long as... will...

"只要……就……"连接一个条件复句。"只要"引出一个必要的条件，"就"（都）后边是这个条件所产生的结果。例如：

"只要……就……" links the clauses of a conditional complex sentence. "只要" introduces a necessary condition, while what follows "就" (都) is the result this condition brings about, e.g.

（1）只要努力，就一定能学好。

（2）她只要知道，就一定会来。

五　练习 Liànxí　Exercises

1 语音 Phonetics　21-4

（1）辨音辨调　Distinguish the pronunciations and tones

xiāngxìn　　xiānjìn　　wèntí　　wényì

shènglì	shēngyi	jiūzhèng	qiúzhèng
shìshàng	shíshàng	zìxìn	cíxìng

（2）朗读　Read out the following phrases

爬得上去	爬不上去	回得来	回不来
坐得下	坐不下	演得好	演不好
唱得好	唱不好	说得好	说不好

爬得动爬不动　　走得动走不动
搬得动搬不动　　跑得动跑不动
记得住记不住　　接得住接不住
坐得下坐不下　　装得下装不下

2 替换 Substitution exercises

（1）A：你爬得上去吗？
B：我爬得 / 不上去。

搬	进去
开	过去
放	进去
拿	下来
走	回去

（2）A：还爬得动爬不动？
B：爬得动。/ 爬不动了。

骑	搬	提
拿	走	跑

（3）A：走得动吗？
B：太累了，我走不动了。

骑	风太大
提	这个箱子太重
跑	跑得时间太长了
拿	这些书很重
搬	东西太多了

（4）A：课文的生词你记得住记不住？

B：生词太多，我记不住。

这个音	发	好	太难
这些词	记	住	不常用
这首歌	唱	好	很难
太极拳	打	好	太难
这个沙发	搬	动	太重了

（5）A：你的车找到了没有？

B：没有，我想找不到了。

钱包儿	护照
钥匙	照相机
手机	眼镜儿

（6）A：我担心自己演不好。

B：只要好好儿练，就一定能演好。

唱	画
学	写
打	说

3 选词填空 Choose the right words to fill in the blanks

加油儿　动　联欢会　积极　相信　放　下　怕　演　纠正　背

（1）我累得一点儿也走不________了。

（2）我不________他说的话。

（3）A：在比赛时不停地喊“________！________！”的那些人叫什么？

B：叫啦啦队（lālāduì, cheerleaders; rooters）。

（4）上课的时候要________回答老师的问题。

（5）星期六晚上，我们班开了一个________，我在会上________了一个节目。

（6）老师常常要求我们把课文背下来，可是，我不喜欢________课文。

（7）房间太小，坐不________这么多人。

（8）她常________我的发音错误（cuòwu, wrong）。

（9）书太多了，家里的书架已经________不下了。

（10）不少同学的问题是________说错，学习外语（wàiyǔ, foreign language）一定不要________说错，越________说错越不敢说，也就越不会说。

4 用下列词组填空 Fill in the blanks with the following phrases

学得了	学不了	记得住	记不住
修不好	修不了	上得去	上不去
用得了	用不了	找得到	找不到
走得动	走不动	搬得动	搬不动
参加得了	参加不了	放不进去	放得进去
爬得上去	爬不上去		

（1）我一天________________那么多生词。

（2）他没去过那儿，肯定________________。

（3）我们一年________________五千个词。

（4）从这儿到天津坐高铁________________一个小时。

（5）这辆车人太多，________________了，我们再等一辆吧。

（6）你这台电视机太旧了，可能________________了，换一台新的吧。

（7）他感冒了，明天的比赛可能________________了。

（8）我们休息休息吧，我________________了。

5 完成会话 Complete the dialogues

（1）A：明天的晚会你能参加吗？

B：我能参加。

A：罗兰呢？

B：她可能________________。

A：为什么？

B：她去旅行了，明天________________。

（2）A：请你填一下儿这张表。

B：对不起，有没有法文的？中文的我________________。

A：英文的你填得了吗？

B：英文的我也________________。

A：那怎么办呢？

6 改错句 Correct the sentences

（1）门太小了，这个沙发搬得不进去。

____

（2）今天我们见面得了吗？

____

（3）这个书架我们两个搬得不动。

____

（4）你要的菜太多了，我们肯定吃得不了。

____

（5）天太黑了，我什么都不看见。

____

（6）我今天读得不完这本书。

____

7 下列情景怎么说（用“动词＋可能补语”）What do you say in the following situations (using “verb + complement of potentiality”)

（1）一个女同学拿了很多东西，你想帮她拿，怎么说？

（2）你想把一个冰箱搬出去，可是一个人搬不动，你想请朋友帮忙，怎么说？

（3）老师说明天要听写25个生词，你觉得太多，记不住，怎么说？

（4）你去邮局给国内的朋友寄书，你想知道什么时候能寄到，怎么问工作人员？

（5）你穿36号的鞋（xié, shoe），售货员给你了一双35号的，你要怎么对她说？

8 交际会话 Communication

（1）转告　Passing on a message

A：老师，麦克让我告诉您，他今天去不了了。

B：他怎么了？

A：他感冒了。

（2）表达可能　Expressing a potentiality

① A：你的腿怎么样了？

B：好多了。

A：走得了路吗？

B：现在还走不了路，一走就疼得很。

② A：后天就是春节了，你回得来回不来？

B：这儿今天下大雪，飞机飞不了。天气预报说，明天晴天，明天一定回得去。

A：我等你回来过节呢，一定要回来啊！

9 读后复述 Read and retell

补充生词 Supplementary words

①	画蛇添足	huàshé-tiānzú	to draw a snake and add feet to it—to ruin the effect by adding sth. superfluous
	蛇	shé	snake
	添	tiān	to add
②	壶	hú	pot; kettle
③	同意	tóngyì	to agree
④	得意	déyì	pleased with oneself; proud of oneself
⑤	脚	jiǎo	foot

画蛇添足

从前，有几个人得到了一壶酒。他们谁都想喝这壶酒，可是这壶酒只够一个人喝，给谁喝呢，半天决定不了。一个人说："这样吧，我们每个人都在地上画一条蛇。谁先画完，这壶酒就给谁喝。"

大家都同意他的办法，于是就在地上画了起来。

有一个人很快把蛇画好了。他看别人还都没有画完，就左手拿起酒壶，右手又画起来，还得意地说："你们画得太慢了！你们看我，还能给蛇添上几只脚呢。"

当他正在给蛇画脚的时候，另一个人也把蛇画好了，就把酒壶拿了过去，说：“蛇是没有脚的，你给它画上了脚，就不是蛇了。所以，第一个画完蛇的是我，不是你！”说完就把酒喝了。

10 写汉字 Write the characters

wú 无	一 二 チ 无
pà 怕	丶 丷 忄 忄 忄 怕 怕 怕
xīn 心	丶 心 心 心
chuǎn 喘	丨 口 口 口 口 口 口 口 口 喘 喘 喘
kǒng 恐	一 丅 工 工 巩 巩 巩 恐 恐 恐
zhēng 争	丿 ⺈ ⺈ 刍 刍 争
shèng 胜	丿 月 月 月 月 月 月 胜 胜
wēi 危	丿 ⺈ ⺈ 产 危 危

xiǎn	了 阝 阝 队 阶 阶 阶 险 险
险	
jī	一 二 千 禾 禾 利 和 和 积 积
积	
dǐ	丶 亠 广 户 庐 庐 底 底
底	
bèi	丨 十 ‡ 圵 北 北 背 背 背
背	
jiū	乙 纟 纟 纠 纠
纠	

Dì-èrshí'èr kè

第二十二课

Lesson 22

Wǒ xiǎng qilai le

我想起来了

I remember now

一 课文 Kèwén Text

（一）我想起来了 22-1

（一天，王老师突然接到一个电话，原来是他三年前的学生打来的……One day, Mr. Wang got a phone call from a student who was in his class three years ago...）

海　伦：喂，是王老师吗？

王老师：是。你是……

海　伦：老师，您听得出来我是谁吗？

王老师：你是……对不起，声音有点儿熟，但一下子想不起来是谁了。

海　伦：我是您三年前的学生，您还参加过我的婚礼呢。

王老师：啊，我想起来了，海伦！你现在在哪儿？

海　伦：我就在北京。

王老师：你是怎么知道这个电话号码的？

海　伦：是罗兰告诉我的。

王老师：是吗？你是来旅行的吗？

海　伦：不是。我是应国际广播电台的邀请来北京工作的。

王老师：要待多长时间？

海　伦：我跟他们签了两年的合同。

王老师：保罗呢？

海　伦：保罗也来了。他在北京的一家中外合资公司工作。老师，我们想请您来我家做客。

王老师：好啊。

海　伦：不知道您星期六下午有没有空儿？

王老师：这个星期六下午可以。

海　伦：那我让保罗开车去接您。您还住在原来的地方吗？

王老师：不，我早就搬家了，搬到学校附近一个新建的住宅小区了。我告诉你，你把我的地址记下来。保罗来的时候，给我来个电话，我去门口接他。

海　伦：好的。

（二）我们还想学下去 22-2

（在海伦家 At Helen's）

海　伦：老师，您喝点儿什么？茶还是咖啡？

王老师：我茶和咖啡都喝不了，一喝晚上就睡不着觉。就喝点儿水吧。你们这儿真不错！

海　伦：这是保罗的公司给我们租的房子。要是让我们自己花钱可租不起。

王老师：保罗，你们公司的业务是什么？

保　罗：我们公司是搞中外文化交流的。公司成立不久，业务也刚开展起来。

海　伦：老师，我和保罗的工作都需要用汉语，所以打算继续学下去。我们想利用在北京工作的机会把汉语学好。

王老师：你们俩原来都学得不错，有一定的基础，坚持学下去的话，一定能学好。

海　伦：时间过得真快！离开中国都三年多了。刚回国的时候，还常听听录音，读读课文。后来因为忙，也没坚持下来。很长时间不说，汉语差不多都忘光了，要用的时候，好多词都想不起来了。

王老师：是。学外语，只有坚持下去，多听、多说、多练才能学好。

海　伦：我们还想请老师业余教我们，不知道老师能不能抽出时间来。

王老师：我工作比较忙，抽不出时间来。你们打算怎么学？

海　伦：白天我们都没有时间，只有晚上才抽得出时间。要是老师同意的话，我们想到老师家里去上课。

二　生词 Shēngcí　New Words

22-3

1. 熟	shú	（形）	familiar
2. 一下子	yíxiàzi	（副）	in a short while; all at once; all of a sudden
3. 应	yìng	（动）	to accept (an invitation)
4. 国际	guójì	（形）	international
5. 广播	guǎngbō	（名）	radio; broadcast
6. 电台	diàntái	（名）	radio station
7. 邀请	yāoqǐng	（动）	to invite
8. 待	dāi	（动）	to stay

9. 签	qiān	（动）	to sign
10. 合同	hétong	（名）	contract
11. 中外	zhōngwài	（名）	China and foreign countries
12. 合资	hézī	（动）	joint venture
13. 做客	zuò kè	（动）	to be a guest
14. 空儿	kòngr	（名）	free time
15. 搬家	bān jiā	（动）	to move house
16. 地址	dìzhǐ	（名）	address
17. 业务	yèwù	（名）	business
18. 搞	gǎo	（动）	to do; to engage in
19. 交流	jiāoliú	（动）	to communicate
20. 成立	chénglì	（动）	to set up; to found
21. 不久	bùjiǔ	（形）	soon; before long; not long after
22. 开展	kāizhǎn	（动）	to start; to launch
23. 继续	jìxù	（动）	to continue; to go on with
24. 一定	yídìng	（形）	proper; fair; considerable
25. 基础	jīchǔ	（名）	foundation; basis
26. 光	guāng	（形）	used up; empty
27. 只有……才……	zhǐyǒu……cái……		only if... can...
28. 抽	chōu	（动）	to find (time)
29. 同意	tóngyì	（动）	to agree

专名 Zhuānmíng Proper Nouns

1. 海伦	Hǎilún	Helen
2. 保罗	Bǎoluó	Paul

三 注释 Zhùshì　Notes

1 要是让我们自己花钱可租不起。 We cannot afford the rent on our own.

"租不起"的意思是因价钱贵而不能租，肯定形式是"租得起"。

"租不起" means "cannot afford to rent something due to the high price". The affirmative form is "租得起".

2 我们公司是搞中外文化交流的。 Our company specializes in sino-foreign cultural exchanges.

动词"搞"有"办、干、做"等意思。

The verb "搞" means "办" (to do; to handle), "干" (to do), "做" (to do), etc.

四 语法 Yǔfǎ　Grammar

1 动作结果的表达：趋向补语的引申用法 Indicating the result of an action: The extended use of complements of direction

汉语动词的趋向补语大都有引申意义，表示动作行为的结果。

Most complements of direction of Chinese verbs have an extended meaning to indicate the result of the action.

1 动词 + "起来"　Verb + "起来"

表示动作开始并继续。例如：

Indicating an action begins and continues, e.g.

（1）她说得大家都笑起来了。

（2）刚才还是晴天（qíngtiān, sunny day），突然（tūrán, suddenly）下起雨来了。

"想＋起来"的意思是恢复记忆。例如：

"想＋起来" means "to call to mind; to remember", e.g.

（1）啊！我忽然想起来了，钥匙还在楼下自行车上插着呢，我忘拔下来了。

（2）我想起来了，这个地方我们来过。

（3）我们在一起学习过，但是她叫什么名字我想不起来了。

2 动词＋"出来" Verb ＋ "出来"

表示辨认或动作使事物从无到有或由隐蔽到显露。例如：

Indicating recognition of something or an action that makes something emerge or become visible, e.g.

（1）这道题我做出来了。

（2）A：这是什么茶你喝得出来吗？

B：我喝不出来。

（3）我看出来了，这是王老师写的字。

（4）我们照的照片洗出来了。

"想＋出来"的意思是大脑产生新的想法。例如：

"想＋出来" means "to think up a new idea", e.g.

（1）他想出来了一个好办法。

（2）这个方法是谁想出来的？

（3）A：我们怎么办呢？

B：我也想不出办法来。

比较："想起来"和"想出来"

Compare: "想起来" and "想出来"

"想起来"：大脑原有的信息忘记了，后经过回忆又恢复了记忆。例如：

"想起来" means to recall something forgotten, e.g.

（1）想起来了，我把钥匙放在手提包儿里了。

（2）我想不起来把那本书借给谁了。

"想出来"：大脑里原来没有的信息，经过思考产生了。宾语一般是"办法""主意""意见"等。例如：

"想出来" means to think up and create something new in the mind. Its object is usually "办法" (way; method), "主意" (idea), "意见" (opinion), etc., e.g.

（3）A：我该怎么办呢？你能帮我想出一个好办法吗？

B：我也想不出好办法来。

3 动词 +"下去"　Verb +"下去"

表示正在进行的动作继续进行。例如：

Indicating the action in progress will continue, e.g.

（1）明年，我还想继续在这儿学下去。

（2）让他说下去。

（3）这件事我们准备坚持做下去。

4 动词 +"下来"　Verb +"下来"

表示动作使事物固定或动作（状态）从过去继续到现在。例如：

Indicating an action that fixes something or that an action (state) which started in the past continues to the present, e.g.

（1）我已经把他的地址和电话号码记下来了。

（2）应该把这儿的风景照下来。

（3）请大家把黑板上的句子记下来。

（4）后来因为忙，我没有坚持下来。

2 只有……才……　only if... can...

"只有……才……"连接一个条件复句。"只有"表示必需的条件，"才"表示在这一条件下出现的情况或产生的结果。例如：

"只有……才……" links the clauses of a conditional complex sentence. "只有" introduces the essential condition, and "才" is followed by the consequence or result that will appear under the stated condition, e.g.

（1）只有努力学习才能得到好成绩。

（2）学外语，只有多听、多说、多练才能学好。

五 练习 Liànxí Exercises

1 语音 Phonetics 22-4

（1）辨音辨调 Distinguish the pronunciations and tones

shēngyīn	shēnyǐng	gàosu	gāosù
guójì	guójí	guǎngbō	guǎngbó
hézī	hézi	chénglì	chéngyì
jìxù	jíxū	tóngyì	tǒngyī

（2）朗读 Read out the following phrases

花钱	花时间	租汽车	租房子
租不起	买不起	住不起	上不起
看出来了	没看出来	听出来了	没听出来
吃出来了	没吃出来	喝出来了	没喝出来
想起来了	没想起来	想出来了	没想出来
记下来了	没记下来	背下来了	没背下来
学不下去了	干不下去了	背不出来了	读不出来了

吃得出来吃不出来　　想得出来想不出来

看得出来看不出来　　听得出来听不出来

2 替换 Substitution exercises

补充生词 Supplementary words

①	肉	ròu	meat
②	图	tú	picture
③	拍	pāi	to photograph; to shoot
④	录	lù	to record
⑤	成功	chénggōng	to succeed

（1）A：你听得出来这是谁唱的歌吗？

B：我听不出来。

听	我是谁
看	他是哪国人
看	照片上的人是谁
吃	这是什么肉
喝	这是什么茶

（2）A：你还想学下去吗？

B：对！我还想继续学下去。

干	写
做	住
搞	研究

（3）A：这套房子怎么样？

B：这套房子太贵了，我租不起。

这辆汽车	买
这件礼物	买
这个饭店	住
这个大学	上
坐飞机	坐

（4）A：你把他的电话号码记下来了吗？
B：记下来了。

黑板上的句子	写
这张图	画
那儿的风景	拍
这个节目	录
她的地址	记

（5）想起来了，她叫安娜。

我把护照放在大衣口袋里了
我把那本书借给玛丽了
这个地方我们前年来过
这个人我见过
这个电影我看过

（6）只有多听、多说才能学好汉语。

坚持学下去	能学好汉语
坚持下去	会成功
通过英语考试	能去外国留学
针灸	能把这种病治好
你去	能把他叫来

3 选词填空 Choose the right words to fill in the blanks

A. 邀请　离开　抽　熟　成立　搞　待　签　继续　花

（1）这个声音我听起来很________，但是一下子想不起来是谁了。
（2）你打算在中国________多长时间？
（3）国外一个大学________我去他们那儿工作两年。
（4）去加拿大工作的合同________了没有？
（5）她准备________三年时间把这本书翻译出来。

（6）我觉得________中外文化交流工作很有意思。
（7）他们公司刚________不久，很多业务还没有开展起来。
（8）回国后我还要________学下去，要是不坚持学下去的话，学过的也会忘记的。
（9）我想________空儿回家去看看妈妈，我已经有几年没回过家了。
（10）在家的时候想出来，但是一________家就想家。

B.

（1）他说明年还要在这个学校________。
A. 学下去　　B. 学下来
C. 学起来　　D. 学上来

（2）他的电话号码是多少？我________了。
A. 想不起来　　B. 想不出来
C. 想起来　　D. 想出来

（3）你________了没有，这是谁唱的歌？
A. 听起来　　B. 听出来
C. 听不出来　　D. 听起来

（4）我________了，我看过她演的电影。
A. 想起来　　B. 想出来
C. 想不起来　　D. 想不出来

（5）她难过得________了。
A. 说不上来　　B. 说不下去
C. 说不下来　　D. 说不出来

（6）你＿＿＿＿了吗，这是什么茶？

A. 喝得出来　　B. 喝不下去

C. 喝不出来　　D. 喝出来

（7）这儿风景真美，快把它＿＿＿＿吧。

A. 拍进来　　B. 拍下来

C. 拍下去　　D. 拍出来

（8）一看到他那样子，大家就都＿＿＿＿。

A. 笑了起来　　B. 笑了一下儿

C. 笑了出来　　D. 笑了一会儿

（9）你＿＿＿＿她是哪国人吗？

A. 看得出来　　B. 看得过来

C. 看得起来　　D. 猜得到

（10）我也＿＿＿＿好办法。

A. 想出来　　B. 想不起来

C. 想不出来　　D. 想起来

4 按照例句做练习，并说出句子在什么情况下用 Practice after the models and then tell in what situations these sentences are used

例1：A：把它拍下来吗？　A：你把它拍下来了没有？
　　　B：拍下来吧。　　　B：拍下来了。

照　画　录　写　记

例2：A：听出来了吗？
　　　B：听不出来。

看　猜　吃　喝　想

5 下列情景怎么说（用“动词＋趋向补语”） What do you say in the following situations (using “verb + complement of direction”)

（1）在一次会上，一个多年不见的同学走过来，跟你握手，但是你认不出来他是谁了。

A：还认识我吗？

B：对不起，________________________。

（2）朋友请你吃饭，有一个菜很好吃，朋友问你是什么菜，你没吃出来，怎么回答他？

（3）老师让你们听写，但是你觉得老师念得太快，你有两个句子没有写下来。

A：都写下来了吗？

B：________________________。

（4）去洗照片，你希望一个小时以后就能洗出来，你怎么问营业员？

A：________________________？

B：没问题，洗得出来。

（5）听到一首小提琴曲，朋友问你听得出来这是什么曲子吗，你怎么回答他？

________________________。

6 改错句 Correct the sentences

（1）他照起来的照片很好看。

____

（2）我把这个词查不出来。

____

（3）因为家里没有钱，没办法让我继续下去学习了。

____

（4）我想不出来她叫什么名字了。

____

（5）他想起来了一个好办法。

____

（6）这件事我不想告诉她，但是她已经把这件事知道了。

____

7 综合填空 Fill in the blanks

补充生词 Supplementary words

① 司马光	Sīmǎ Guāng	Sima Guang, an ancient Chinese scholar-official and historian
② 砸	zá	to smash
③ 缸	gāng	vat; jar
④ 喊	hǎn	to shout
⑤ 救	jiù	to save
⑥ 吓	xià	to scare
⑦ 连忙	liánmáng	quickly; at once
⑧ 石头	shítou	stone; rock

司马光砸缸

这是一个中国古时候的故事。

有一天，司马光和小朋友们在院子里玩儿。院子里有个大水缸，水缸里装满了水。他们玩儿得正高兴的时候，一个小朋友不小心掉①________水缸里去了。一个孩子看见了，就大声喊了②________：“救人啊！救人啊！有人掉到水缸里③________了。”有的孩子吓得哭了④________。水缸很大，不容易从上面救人。司马光看到这种情况，很快想⑤________了一个好办法。他连忙搬起一块石头，跑了过来，向水缸砸去，一下子⑥________水缸砸破了。水缸里的水都流了⑦________。掉在水缸里的小朋友得救了。

看到从水缸里爬出来的小朋友，大家都笑了⑧________。

8 交际会话 Communication

邀请与谢绝　Inviting and declining

A：老师，星期五下午六点有一个宴会（yànhuì, banquet），我们希望您能参加。

B：谢谢你们的邀请。不过，真不巧，星期五晚上我正好有客人要来，去不了。

A：那太遗憾了！

9 写汉字 Write the characters

yìng	丶 亠 广 广 庐 应 应
应	

dāi	丿 彳 彳 彳 彳 往 往 待 待
待	

zī	资
yāo	邀
jì	际
bō	播
zhǐ	址
gǎo	搞
jī	基
chǔ	础
jì	继

Dì-èrshísān kè

第二十三课
Lesson 23

Hánjià nǐ dǎsuàn qù nǎr lǚxíng

寒假你打算去哪儿旅行
Where are you planning to travel during the winter vacation

一 课文 Kèwén Text

（一）吃什么都可以
23-1

麦　克：我有点儿饿了，想吃点儿什么。你呢？

玛　丽：我也又饿又渴。咱们去饭馆儿吧。

（在饭馆儿 In the restaurant）

麦　克：你想吃点儿什么？

玛　丽：你点吧，什么都可以。

麦　克：那就什么好吃吃什么。

服务员：你们两位要点儿什么？

麦　克：服务员，你们这儿有什么好吃的菜？

服务员：我们这儿什么菜都好吃啊。

麦　克：是吗？那把你们这儿最好吃的菜给我们来两个。

服务员：这儿的辣子鸡丁和糖醋鱼都不错。

麦　克：那就一样来一个吧。我们喝点儿什么呢？

玛　丽：随便。你说喝什么就喝什么吧。

（二）你是哪儿冷去哪儿啊 23-2

田　中：时间过得真快，下周考完试就要放寒假了。

麦　克：是啊。寒假你有什么打算吗？

田　中：学校要组织留学生去外地旅行，谁都可以报名，你报名吗？

麦　克：我听谁说过这件事儿。不过我想自己去旅行。

田　中：去哪儿？

麦　克：哪儿好玩儿就去哪儿。我想去哈尔滨。

田　中：哈尔滨？你是哪儿冷去哪儿啊。现在那儿白天已经零下二十多度了。

麦　克：听说哈尔滨的冰灯冰雕很好看，我想去看看。

田　中：你想怎么去？

麦　克：除了骑自行车以外，怎么去都行。

田　中：你又开玩笑。

麦 克：要是买不到火车票就坐飞机去。你的计划呢？

田 中：我打算先去西安看看碑林和兵马俑，再到重庆，从重庆坐船游览长江三峡，然后去云南、桂林，最后去苏州和杭州。

麦 克：田芳说，苏州、杭州很美。

田 中："上有天堂，下有苏杭"嘛。另外，桂林也不错，"桂林山水甲天下"，风景像画儿一样，美极了。你去过桂林吗？

麦 克：没有。我对云南少数民族的风俗很感兴趣。要是有机会一定去看看。你的旅行路线很好，不过要花多少钱啊？

田 中：我喜欢旅行，只要玩儿得开心，多花点儿钱也值得。另外最重要的是还可以一边旅行一边练习说汉语，多有意义啊！

麦 克：你说得对。

二 生词 Shēngcí New Words 23-3

1. 渴 kě （形） thirsty

2. 点（菜）	diǎn(cài)	（动）	to order (food in a restaurant)
3. 好吃	hǎochī	（形）	delicious; tasty
4. 辣子鸡丁	làzi jīdīng		diced chicken with chili
5. 糖醋鱼	tángcùyú		sweet and sour fish
6. 周	zhōu	（名）	week
7. 外地	wàidì	（名）	other parts of the country
8. 好玩儿	hǎowánr	（形）	fun; amusing
9. 零下	líng xià		below zero
10. 冰灯	bīngdēng	（名）	ice lantern
11. 冰雕	bīngdiāo	（名）	ice sculpture; ice carving
12. 开玩笑	kāi wánxiào		to crack a joke; to be kidding
玩笑	wánxiào	（名）	joke
13. 计划	jìhuà	（名、动）	plan; to plan
14. 碑林	bēilín	（名）	stele forest
15. 兵马俑	bīngmǎyǒng	（名）	terracotta warriors and horses
16. 船	chuán	（名）	boat; ship
17. 游览	yóulǎn	（动）	to go sightseeing
18. 天堂	tiāntáng	（名）	paradise; heaven
19. 山水	shānshuǐ	（名）	mountains and rivers; scenery
20. 甲	jiǎ		first; number one
21. 天下	tiānxià	（名）	world; country
22. 少数	shǎoshù	（名）	minority
23. 民族	mínzú	（名）	nationality; ethnic group
24. 风俗	fēngsú	（名）	custom
25. 路线	lùxiàn	（名）	route

26.	开心	kāixīn	（形）	happy; glad
27.	值得	zhídé	（动）	to be worth
28.	一边……一边……	yìbiān……yìbiān……		*indicating two actions taking place at the same time*
29.	意义	yìyì	（名）	meaning; significance

专名 Zhuānmíng Proper Nouns

1.	重庆	Chóngqìng	Chongqing, a city in China
2.	长江	Cháng Jiāng	Chang Jiang (Yangtze) River
3.	三峡	Sānxiá	Three Gorges (along the Yangtze River)
4.	云南	Yúnnán	Yunnan Province
5.	桂林	Guìlín	Guilin, a city in Guangxi Province
6.	苏州	Sūzhōu	Suzhou, a city in Jiangsu Province
7.	杭州	Hángzhōu	Hangzhou, capital of Zhejiang Province

三 注释 Zhùshì Notes

1 上有天堂，下有苏杭。

It means "Up above there is Paradise; down here there are Suzhou and Hangzhou."

2 桂林山水甲天下。

It means "The scenery of Guilin is the best under heaven."

四 语法 Yǔfǎ Grammar

1 疑问代词的活用 The flexible use of interrogative pronouns

疑问代词除了表示疑问、反问之外，还可以表达对人或物的任指、特指和虚指。

Besides being used in questions and rhetorical questions, interrogative pronouns can also be used for general, specific and fuzzy references.

1 任指（泛指） General reference

疑问代词表示任指时，"谁"表示任何人；"什么"表示任何东西；"怎么"表示任何方式或方法；"哪儿"表示任何地方；"什么（时候）"表示任何时间等。句中常用副词"都"或"也"与之呼应。例如：

When interrogative pronouns are used for general reference, "谁" means anyone; "什么", anything; "怎么", any manner or any way; "哪儿", anywhere; "什么(时候)", any time, etc. The adverb "都" or "也" is often used correspondingly in the sentence. For example:

（1）我们班的同学谁都喜欢她。

（2）吃什么都可以。

（3）怎么办都行，我没意见。

（4）天太冷，我哪儿也不想去。

（5）你什么时候来我都欢迎。

2 特指 Specific reference

用两个同样的疑问代词，前后呼应，可以指同一个人、同一事物、同一时间、同一种方式等。前一个疑问代词表示任指，后一个疑问代词特指前一个所指的人、事物、时间或方式等，前后两个分句或短语之间有时用"就"连接。例如：

Two identical interrogative pronouns are used in concert with each other, referring to the same person, thing, time, manner, etc. The former refers to a general referent, and the latter refers specifically to what the former indicates;

the two clauses (or phrases) are sometimes linked by "就" in a sentence. For example:

（1）谁说得好我就跟谁学。

（2）什么好吃就吃什么。

（3）你什么时候想来就什么时候来吧。

（4）怎么好就怎么办。

（5）哪儿好玩儿就去哪儿。

前后两个疑问代词也可指不同的人或事物。例如：

The two interrogative pronouns may also refer to different persons or things, e.g.

（6）我们好长时间没见面了，一见面谁也不认识谁。

（7）这些车哪辆跟哪辆都不一样。

3 虚指　Fuzzy reference

表示不确定、不知道、说不清楚或不需要说出的人、事物、时间或方式等。例如：

The referent, i.e. the person, thing, time or manner, etc. referred to, is indefinite, unknown, unclear, or needs not be mentioned, e.g.

（1）我听谁说过这件事儿。

（2）朋友要回国了，我应该买点儿什么礼物送给她。

（3）我的相机不知怎么弄（nòng, to do; to make）坏了。

（4）这个人我好像（hǎoxiàng, to seem like）在哪儿见过。

2 两个动作同时进行：一边……一边……　Indicating two actions taking place at the same time: 一边……一边……

关联副词"一边……一边……"用在动词前，表示两个动作同时进行。例如：

The connective adverbs "一边……一边……" are used before verbs to indicate that two actions are proceeding at the same time, e.g.

（1）她一边说一边笑。

（2）我喜欢一边听音乐，一边做练习。

注意 Note：

1. "一边"中的"一"可以省略。同单音节动词组合时，中间不停顿。例如：

"一" can be omitted. When associated with monosyllabic verbs, there is no pause in between, e.g.

边听边看　　边想边写　　边说边笑　　边喝边聊

2. 动词所表示的动作必须是可以同时进行的，而且应该是同类的。例如：

The actions that the verbs denote must be ones that can occur simultaneously and are of the same type, e.g.

不能说：* 我一边打篮球，一边觉得很饿。

也不能说：* 我一边听老师讲，一边不懂。

3 连续动作的顺序：先……再（又）……然后……最后…… The order of consecutive actions: 先(first)……再/又(then)……然后(after that)……最后(finally)……

例如：e.g.

（1）我先复习生词，再做练习，然后读课文，最后学习语法。

（2）他先去西安，再去重庆，然后游览长江三峡，最后去香港。

（3）你先填申请表（shēnqǐngbiǎo, application form），再去办护照，然后去大使馆办签证，最后再买机票。

五 练习 Liànxí Exercises

1 语音 Phonetics 23-4

（1）辨音辨调　Distinguish the pronunciations and tones

hánjià　　hángjia　　hǎochī　　hǎo shì

wàidì	dàitì	shānshuǐ	sān suì
shǎoshù	shǒushù	mínzú	mínzhǔ
fēngsú	fēng sù	lùxiàn	lùxiàng

（2）朗读　Read out the following phrases

少数民族　少数人　少数学生　少数国家

游览长城　游览颐和园　游览长江三峡　游览桂林山水

学习计划　工作计划　旅行计划　计划去旅行

谁都喜欢她　怎么去都行

哪儿都不舒服　什么地方都没去过

一边看一边写　一边旅行一边练习说汉语

一边听音乐一边做练习

2 替换 Substitution exercises

（1）A：我们去哪儿玩儿玩儿吧。

B：好吧。

给他送点儿什么礼物
去找谁问问路
去请谁帮帮忙
什么时候去看看她
吃点儿什么

（2）A：我们去哪儿呢？

B：你想去哪儿我们就去哪儿。

送什么礼物	她喜欢什么就送什么
怎么去	怎么去方便就怎么去
什么时候去	什么时候有空儿就什么时候去
派谁去	谁能办好这件事就派谁去
借给他多少	他需要多少就借给他多少

（3）A：你想吃点儿什么？
B：什么都行/可以。

喝点儿什么	什么
去哪儿	哪儿
怎么去	怎么去
跟谁去	谁
要哪个	哪个
要多少	多少

（4）A：想吃点儿什么？
B：什么好吃我就吃什么。

喝点儿什么	什么好喝	喝什么
要哪个	哪个好	要哪个
看哪个	哪个好看	看哪个
去哪儿	哪儿好玩儿	去哪儿
怎么去	怎么方便	怎么去

（5）他一边旅行一边练习说汉语。

吃饭	看电视
听音乐	做练习
跳	唱
想	写
哭	说

3 选词填空 Choose the right words to fill in the blanks

了解　除了　风俗　寒假　值得　要求　开心
零下　饭馆儿　计划　一边……一边……

（1）我想利用________去南方旅行。
（2）他________听音乐________做练习。
（3）这里有不少小________，饭菜又便宜又好吃。

（4）我们那儿一年四季都很暖和，气温从来没有到过________一度。

（5）________旅行以外，我还想________一下儿中国南方的城市交通。

（6）我们公司也________在这儿开展业务。

（7）我想研究中国少数民族的________习惯。

（8）杭州、桂林，这两个地方都________去看看。

（9）今天我过得特别________。

（10）请把你的________跟大家说说吧。

4 用括号里的词语完成句子 Complete the sentences with the words in the brackets

（1）A：她怎么样？

B：她又热情又漂亮，班上的同学________________。（谁）

（2）A：你今天出去吗？

B：今天外边太冷，我________________。（哪儿）

（3）A：你看这件事儿怎么办呢？

B：________________。（怎么）

（4）A：我想去看看你，什么时候去比较合适？

B：你________________。（什么）

（5）A：来中国以后，你去过什么地方？

B：除了北京以外，我________________。（哪儿）

（6）A：我们坐火车去还是坐飞机去？

B：________________。（怎么）

5 用括号里的词语回答问题 Answer the questions with the words in the brackets

（1）A：你想吃点儿什么？
B：________________。（什么……什么……）

（2）A：你想让谁跟你去？
B：________________。（谁……谁……）

（3）A：我们怎么去呢？
B：________________。（怎么……怎么……）

（4）A：我们什么时候出发？
B：________________。
（什么时候……什么时候……）

（5）A：我们去哪儿买？
B：________________。（哪儿……哪儿……）

（6）A：你想学哪本书？
B：________________。（哪……哪……）

6 下列情景怎么说（用上疑问代词）What do you say in the following situations (using interrogative pronouns)

补充生词 Supplementary words

① 经济	jīngjì	economy
② 法律	fǎlǜ	law
③ 医学	yīxué	medical science
④ 记者	jìzhě	journalist; reporter

⑤ 作家	zuòjiā	writer
⑥ 工程师	gōngchéngshī	engineer
⑦ 方面	fāngmiàn	aspect; field

(1) 你们班的同学有的以后要学经济，有的要学法律，有的要学医学，有的要学历史……

（什么）

(2) 我有很多朋友，有的是老师，有的是记者，有的是作家，有的是工程师，有的是大夫，有的是律师……

（什么）

(3) 我喜欢看书，文学、历史、医学、经济、法律等方面的书我都喜欢看。

（什么）

(4) 他来中国快一年了，只去过一次北京，别的地方还没有去过。

（除了……以外，哪儿）

7 改错句 Correct the sentences

(1) 哪个题容易，我就做什么题。

____

(2) 你说怎么，我就做怎么。

____

(3) 哪儿好玩儿，就我们去哪儿玩儿。

____

（4）我的电脑坏了，什么也修不好。

____

（5）我刚来中国的时候，什么汉语不会说。

____

（6）老师的话我一边听，一边不懂。

____

8 交际会话 Communication

（1）计划　Making a plan

A：快放寒假了，你打算去哪儿玩儿？

B：哪儿风景漂亮我就去哪儿。

A：杭州风景很漂亮。

B：除了杭州，我还想去苏州看看。

（2）送行　Seeing someone off

A：车快开了，快上去吧。

B：好，我走了。再见吧。

A：再见！一路平安！

B：谢谢！

（3）表达无所谓　Expressing "it doesn't matter; anything will do"

张　东：你想吃点儿什么？

田　芳：随便，吃什么都行。你点吧。

张　东：你来点吧。你喜欢吃什么咱们就吃什么。

田　芳：你想喝点儿什么？

张　东：我无所谓，喝什么都行。

9 读后复述 Read and retell

补充生词 Supplementary words

① 减肥	jiǎn féi	to lose weight
② 奥林匹克	Àolínpǐkè	Olympic
③ 嗓子	sǎngzi	throat
④ 连忙	liánmáng	quickly; at once
⑤ 厕所	cèsuǒ	toilet; restroom
⑥ 脸色	liǎnsè	look; complexion
⑦ 难看	nánkàn	bad-looking
⑧ 立刻	lìkè	immediately; at once

吃药吃的

因为吃得好也吃得多，我越来越胖。天冷了，为了减肥，我决定去游泳。那天，我去奥林匹克体育中心游泳馆游了一会儿泳，第二天头就疼起来了。我到医院去看病。大夫说我感冒了，开了一些药让我吃。吃了感冒药就想睡觉。睡了两天以后，头不疼了，但是嗓子却疼起来了。大夫说，天气太干燥，又让我吃药。过了三天，嗓子不疼了，又咳嗽起来了，而且越咳越厉害，咳得晚上睡不着觉。大夫看了以后给我开了一些咳嗽药。没想到，当天晚上我就发起烧来了。大夫只好又给我开退烧药。他说这药很好，但是要多喝水。

药真的很好，很快就不发烧了。但是好几天没有大便了。大夫一检查说我大便干燥。这次，大夫说吃点儿中药吧。中药也很好，吃了以后，第二天就有了要大便的感觉，连忙去厕所，没想到又拉起肚子来了。去找大夫，他说我把肚子吃坏了，再开点儿治肚子的药吃吃吧。

昨天下午，一位当医生的朋友来看我。他说："你的脸色怎么这么难看，我给你开点儿药吃吃吧。"我说："不用了。我这难看的脸色都是吃药吃的。"

他好像听不懂我的话，我就把这些天看病的经过跟他说了说。他听了以后大笑起来，对我说："是，是，你不能再吃药了。不过，应该去运动运动。冬天太冷，到外边运动容易感冒，到奥体中心去游游泳吧。"我一听他的话，头又立刻疼了起来。

10 写汉字 Write the characters

dīng	一 丁
丁	
bīng	㇀ 𠂆 𠂇 斤 丘 乒 兵
兵	
sú	丿 亻 亻 仒 俗 俗 俗 俗 俗
俗	
kě	丶 丶 氵 氵 氵 氵 氵 氵 渇 渇 渇 渴
渴	
là	丶 亠 亠 立 立 辛 辛 辛 辛 辛 辛 辣 辣 辣
辣	
cù	一 厂 万 丙 西 西 酉 酉 酉 酉 酐 酐 醋 醋 醋
醋	

líng	一 ㄏ 𠂆 币 币 雨 雨 雨 雳 雳 雳 零 零
零	
xiàn	𠃋 纟 纟 纟 纟 线 线 线
线	
diāo	丿 冂 冂 月 月 周 周 周 周 周 周 周 雕 雕 雕 雕
雕	
huá	一 七 戈 戈 戈 划
划	
chuán	′ 丿 月 月 舟 舟 舟 舡 舡 船 船
船	
jiǎ	丨 冂 日 日 甲
甲	
shù	丶 丷 䒑 半 米 米 类 娄 娄 数 数 数 数
数	
zú	丶 亠 方 方 方 方 方 方 族 族 族
族	

Dì-èrshísì kè
第二十四课
Lesson 24

Yǒu kùnnan zhǎo jǐngchá
有困难找警察
Go to the police when you are in trouble

一 课文 Kèwén Text

（一）有困难找警察 24-1

（几个同学在聊天儿，他们谈到“有困难找警察”这句话…… A few students are talking about the phrase “Go to the police when you are in trouble”...）

麦　克：街上到处都写着“有困难找警察”，你找过警察吗？

爱德华：没有。

兰　笛：昨天我在街上遇到一件事儿。

麦　克：什么事儿？

兰　笛：在一个十字路口儿，我看见一对老夫妻，看样子腿脚不太好。他们要过马路，但是看到来往的车那么多，等了半天，也没敢过来。

这时，一个交通警察看见了，就立即跑了过去，扶着这两位老人，一步一步地走过来。看到这种情景，我非常感动。

麦　克：这是警察应该做的事儿，有什么可感动的？

兰　笛：可是，有的地方，还发生过警察打人的事儿。

爱德华：我觉得中国的警察还是不错的。我有个同学，去年秋天去重庆旅行，不小心把钱包儿和护照都丢了，身上一分钱也没有了，非常着急。正在不知道怎么办的时候，他想到"有困难找警察"这句话，就去找警察。警察为他安排了住的地方，还借给他钱买了回北京的机票，又开车把他送到机场。

麦　克：真的吗？

爱德华：当然是真的！我还在网上看到这样一件事儿：一个四五岁的小男孩儿把球滚到大街上去了。他要跑过

去拿，被警察看见了。警察就帮孩子把球捡了回来，然后把小男孩儿抱到路边。孩子说了一声“谢谢叔叔”，刚要走，又回来对警察说：“叔叔，我的鞋带儿开了。”说着就把小脚伸到警察面前，警察笑着弯下腰去，给孩子把鞋带儿系好，就像照顾自己的孩子一样。这时孩子的妈妈也跑了过来，看到这种情景，感动得不知道说什么好。

（二）我们把松竹梅叫作“岁寒三友” 24-2

（在王老师家的客厅里，王老师正与外国朋友谢大力先生谈话…… Mr. Wang is talking with his friend Xie Dali, who is a foreigner, in his living room...）

谢大力：这幅《红梅图》画得真好！

王老师：这是一位画家朋友送的。

谢大力：虽然是冬天，但是一看到这幅画儿就感到像春天一样。

王老师：梅、松、竹是中国画家最喜欢画的。中国人把松竹梅叫作“岁寒三友”。听说先生很喜欢中国画和中国书法。

谢大力：是。我每次到中国来，看到喜欢的字画，总要买一些带回去。

王老师：我跟您一样，也非常喜欢书法和中国画。

谢大力：我看您的字写得很漂亮。

王老师：哪里。您过奖了。

二 生词 Shēngcí New Words

24-3

1.	到处	dàochù	（副）	at all places; everywhere
2.	困难	kùnnan	（名）	difficulty; trouble
3.	警察	jǐngchá	（名）	police
4.	十字路口（儿）	shízì lùkǒur		intersection; crossroads
5.	对	duì	（量）	couple; pair
6.	夫妻	fūqī	（名）	husband and wife
7.	看样子	kàn yàngzi		it seems that...
8.	腿脚	tuǐjiǎo	（名）	legs and feet; ability to walk
9.	来往	láiwǎng	（动）	to come and go

10. 敢	gǎn	（能愿）	dare
11. 立即	lìjí	（副）	immediately; at once
12. 扶	fú	（动）	to assist; to support with the hand
13. 老人	lǎorén	（名）	old person
14. 情景	qíngjǐng	（名）	scene; sight
15. 感动	gǎndòng	（形、动）	moved; touched; to affect; to move
16. 可	kě	（副）	to need (to do); to be worth (doing)
17. 发生	fāshēng	（动）	to happen; to take place
18. 句	jù	（量）	*a measure word for sentences*
19. 滚	gǔn	（动）	to roll
20. 抱	bào	（动）	to hold; to carry in one's arms
21. 叔叔	shūshu	（名）	uncle; form of address for a man about one's father's age
22. 鞋带（儿）	xiédàir	（名）	shoelace
鞋	xié	（名）	shoe
23. 脚	jiǎo	（名）	foot
24. 伸	shēn	（动）	to reach; to stretch
25. 面前	miànqián	（名）	in front of; before
26. 弯	wān	（动、形）	to bend; to curl; crooked
27. 腰	yāo	（名）	waist
28. 照顾	zhàogù	（动）	to take care of
29. 梅	méi	（名）	plum; plum blossom
30. 图	tú	（名）	picture; painting
31. 画家	huàjiā	（名）	painter; artist

32. 松	sōng	（名）	pine
33. 竹	zhú	（名）	bamboo
34. 叫作	jiàozuò	（动）	to be called; to be known as
35. 岁寒三友	suì hán sān yǒu		the three friends in cold weather
36. 字画	zìhuà	（名）	calligraphy and painting
37. 过奖	guòjiǎng	（动）	to flatter

专名 Zhuānmíng　Proper Nouns

1. 兰笛	Lándí	Randi
2. 谢大力	Xiè Dàlì	Xie Dali, name of a person

三　注释 Zhùshì　Notes

1　看样子腿脚不太好。 It seemed they had walking difficulties.

“看样子”，插入语。表示对客观情况的估计和推测，用法与“看上去”“看起来”“看来”相近。例如：

“看样子” is a parenthesis indicating the speaker’s estimate and appraisal of the objective circumstances, similar to “看上去”, “看起来” and “看来” in terms of usage, e.g.

（1）天阴了，看样子要下雨。

（2）已经八点半了，看样子她今天不来了。

（3）A：她是哪国人？

B：看样子像阿拉伯人。

2　就像照顾自己的孩子一样。 as if he is taking care of his own kid

“像……一样”表示比喻或说明情况相似，可作谓语、定语、补语或状语。例如：

"像……一样" indicates an analogy or the similarity between circumstances and can be used as a predicate, attributive, complement or adverbial in a sentence, e.g.

（1）我们班的同学像兄弟姐妹（xiōngdì-jiěmèi, siblings）一样。

（2）我想买一个像你这个一样的手机。

（3）她很漂亮，长得像她妈妈一样。

（4）那辆车像飞一样地开了过去。

四 语法 Yǔfǎ Grammar

1 无关联词语复句 Complex sentences without connectives

汉语口语通常只用语序来表示小句之间的语义联系，只要语义清楚，符合逻辑，一般不用关联词，而实际上小句之间隐含着一定的逻辑关系。例如：

In spoken Chinese, the semantic relationship between clauses is normally shown by the grammatical order of the sentence. If the meaning is clear and logical, connectives may be omitted where a logical relation is inherent between the clauses, e.g.

1. 表示假设关系。例如：

Indicating a hypothetical circumstance, e.g.

（1）有困难找警察。= 要是有困难就找警察。

（2）你去我就去。= 要是你去的话，我就去。

（3）下雨就不去了。= 要是下雨的话，就不去了。

2. 表示因果关系。例如：

Indicating a cause-effect relationship, e.g.

（1）不小心把护照丢了。= 因为不小心，所以把护照丢了。

（2）不小心把杯子碰倒了。= 因为不小心，所以把杯子碰倒了。

2 数量词重叠 Reduplication of numeral-classifier compounds

数量词重叠可以作状语，加“地”，表达动作行为的方式。作定语时后面要加“的”。例如：

A numeral-classifier compound can be reduplicated to function as an adverbial, followed by “地”, indicating the manner of an action. When it is used as an attributive, “的” is added after it. For example:

（1）他们一步一步地走过来。

（2）生词要一个一个地记。

（3）饭要一口一口地吃，事要一件一件地办。

（4）这一幅一幅的画儿都是她送给我的。

3 状态补语（2）Complements of state (2)

汉语的动词词组也可用“得”连接作动词的状态补语，描写动作者（或受动者）的状态。例如：

A verb phrase may be linked with a verb before it by “得” and act as a complement of state describing the state of the agent (or patient) of an action, e.g.

（1）她感动得不知道说什么好。

（2）她们高兴得跳啊，唱啊。

（3）他看球赛看得忘了吃饭。

（4）他气得大叫起来。

五 练习 Liànxí Exercises

1 语音 Phonetics 24-4

（1）辨音辨调 Distinguish the pronunciations and tones

jǐngchá	jīngchà	kùnnan	kōngnàn
lìjí	líqí	qíngjǐng	qīngjìng
miànqián	miǎnqiǎng	shūshu	shūchū

（2）朗读　Read out the following phrases

下课就回宿舍　　起床就去跑步
放寒假就回国　　没事就去玩儿
你来我就走　　他去我也去
老师来了就好了　　你去就知道了
让我很感动　　让妈妈很着急
让她很生气　　让朋友很不高兴
看样子要下雨　　看样子是夫妻
看样子是中国人　　看样子她不来了
不小心把护照丢了　　不小心把腿摔了
不小心把相机摔坏了　　不小心把杯子碰倒了

2 替换 Substitution exercises

（1）<u>有困难找警察</u>。

有事来找我
有问题问老师
有事来电话
有意见跟我提

（2）这件事<u>让我很感动</u>。

让妈妈很着急
让朋友很不高兴
叫我很难过
叫我很生气

（3）看样子<u>今天要下雨</u>。

他不来了
她是欧洲人
他病得很厉害
你是个足球迷

（4）我们把松竹梅叫作“岁寒三友”。

爸爸的弟弟	叔叔
苏州和杭州	人间天堂
黄河	母亲河
这个	对联儿

（5）看到这种情景，她感动得不知道说什么好。

着急得不知道怎么办好
遗憾得不知道说什么好
担心得不知道问谁好
难过得不知道跟谁说好

3 选词填空 Choose the right words to fill in the blanks

A. 也　立即　半天　过奖　困难　情景　岁寒三友　看样子

（1）学习上有________就来找我。
（2）他不但是我们的老师，________是我们的朋友。
（3）________他有话要对你说。
（4）我等了________他也没来。
（5）你要是给我打电话，我________就过来。
（6）想到我们过去在一起的________，就好像是昨天发生的事情一样。
（7）中国人把松竹梅叫作“________”。
（8）A：你真是帮了我的大忙。
B：您________了，这是我应该做的。

B. 要是……就……　虽然……但是……
因为……所以……　一……就……

（1）我要去旅行，你________想去，________一起去吧。

（2）你________真喜欢她，________应该把你想说的话告诉她。

（3）你的病________好了，________还需要多休息。

（4）________王老师对学生很好，________同学们都很尊敬（zūnjìng, to respect）他。

（5）我哥哥大学________毕业________参加工作了。

（6）________她今天晚上要去跳舞，________打扮得很漂亮。

（7）李美英________身体不好，________不能去上课。

（8）他就住在学校里，你________找他，________到他家去找吧。

4 按照例句做练习 Practice after the model

> 例：A：怎么了？
>
> B：不小心把杯子摔碎（suì, to break into pieces）了。

（1）滑冰时把腿摔破（pò, to be broken）了。

（2）骑自行车把人撞倒了。

（3）孩子踢球把窗户踢破了。

（4）抽烟把衣服烧了。

（5）不小心把护照丢了。

（6）大风把树刮倒了。

5 完成句子 Complete the sentences

（1）要是________________________，你的听力一定会提高得更快。

（2）要是________________________，我们不会认识的。

（3）虽然学习很忙，________________________。

（4）明天要是下雨，________________________。

（5）________________________，就应该到医院去检查检查。

（6）________________，但是我不知道她的名字。
（7）她的眼睛红红的，看样子________________。
（8）他屋里开着灯呢，看样子________________。

6 改错句 Correct the sentences

（1）她对中国画很感兴趣，画得不太好。

____

（2）我虽然觉得汉语很难，也很有意思。

____

（3）虽然她的身体不太好，所以她每天锻炼。

____

（4）因为她感冒了，但是还来上课。

____

（5）只要努力学习才能说好汉语。

____

（6）要是你想去，就打电话我。

____

7 下列情景怎么说 What do you say in the following situations

（1）朋友问你要是遇到不懂的问题怎么办，你怎么回答他？
（2）你的包儿丢了，你向警察报告（bàogào, to report）：

A：____________________________。

B：你的包儿是什么颜色的？

A：____________________________。

B：你把包儿丢在哪儿了？

A：______________________________。

B：你还记得那辆车的颜色吗？

A：______________________________。

B：有发票（fāpiào, invoice; receipt）吗？

A：______________________________。

B：我们马上给你找。请把你的电话号码留下。

A：______________________________。

（3）你想和朋友明天去长城，天气预报说明天有雨。

A：要是明天下雨怎么办？

B：________________________。（要是……就……）

8 综合填空 Fill in the blanks

补充生词 Supplementary words

①	急忙	jímáng	in a hurry; in haste
②	紧	jǐn	tight
③	握	wò	to hold; to grasp
④	车闸	chēzhá	brake
⑤	敬礼	jìng lǐ	to salute
⑥	罚款	fá kuǎn	to fine
⑦	礼貌	lǐmào	polite
⑧	工具箱	gōngjùxiāng	tool kit
⑨	钳子	qiánzi	pliers

十字路口儿

天快黑了。

我骑①________自行车，急急忙忙地往家走。到了十字路口儿的时候，前面红灯亮②________。我急忙停车，但是车没停③________，还是向前跑，我紧握车闸，还是不行，车闸坏④________！我连忙往下跳，但是还是过了停车线。

一个警察正站在我面前，他向我敬了个礼说："先生，请你把自行车推⑤________那边去。"他指了指路边的岗亭。

"什么？过一点儿也要罚款？"我心里很不高兴，说："只过这么一小点儿，我以后一定遵守交通规则，不再……"

"先生，请你过去！"他又敬了个礼，很礼貌。我只好把车推过⑥________。

他从岗亭里拿⑦________一个工具箱，取出一把钳子，说："我看你的车闸坏了，所以得给你修⑧________，大街上还有好多个十字路口儿呢！"

9 交际会话 Communication

（1）改变 Talking about a change

A：看样子一会儿会下雨。

B：是啊。那我们今天还去爬山吗？

A：下雨就不去了。

B：好吧。

（2）谈喜好 Talking about an interest

A：你喜欢中国画吗？

B：非常喜欢，中国画很有艺术美（měi, beautiful）。

A：我也喜欢中国画，最喜欢画松竹梅的《岁寒三友图》。

B：中国画跟西方画很不一样。除了中国画，我还喜欢中国书法。每次来中国，我都要去荣宝斋（Róngbǎo Zhāi, a time-honored shop in Beijing exhibiting and selling calligraphy, paintings and other art works）看一看，遇到特别喜欢的就买下来。

A：我也喜欢欣赏字画，下次我们一起去吧。

B：好啊！

10 写汉字 Write the characters

sōng	一 十 才 木 木 朩 松 松
松	
zhú	ノ 𠂉 𠂉 竹 竹 竹
竹	
méi	一 十 才 木 术 杧 杧 梅 梅 梅 梅
梅	
tú	丨 冂 冂 冈 冈 图 图 图
图	
hán	丶 丶 宀 宀 宀 宇 宙 宙 寉 寉 寒 寒
寒	
fú	一 十 扌 扌 扌 扶 扶
扶	

bào	一 扌 扌 扌 扚 抅 抅 抱
抱	
shēn	丿 亻 亻 仴 伺 伸 伸
伸	
xié	一 十 廿 廿 廿 芇 芇 苩 革 革 鞊 鞋 鞋 鞋 鞋
鞋	
jiǎo	丿 刀 月 月 肝 肚 肚 胠 胠 脚 脚
脚	

Dì-èrshíwǔ kè
第二十五课
Lesson 25

Jílì de shùzì
吉利的数字
Lucky numbers

一 课文 Kèwén Text

（一）吉利的数字 25-1

（这是联欢会上麦克和爱德华说的小相声 This is the crosstalk performed by Mike and Edward on the get-together party）

麦　克：你知道中国人喜欢什么数字吗？

爱德华：不知道。

麦　克：你怎么连这么简单的问题也不知道？不过，不知道也好。

爱德华：什么话！

麦　克：以后你什么问题不知道就来问我好了。

爱德华：你知道？

麦　克：知道。世界上的事我知道一半儿，中国的事我没有不知道的。

爱德华：是吗？

麦 克：你没听见大家都叫我什么吗？

爱德华：叫你什么？

麦 克："中国通"。

爱德华：你才学了三个半月的汉语，怎么就成"中国通"了？

麦 克：这不是说相声吗？你怎么连这也不懂？

爱德华：谁说我不懂？相声是笑的艺术。说相声就是要大家笑，"笑一笑，十年少"嘛。

麦 克：对呀。谁听了我们的相声，谁就会笑起来，谁就会变年轻，今年二十，明年十岁。

爱德华：什么？

麦 克：你不是说"笑一笑，十年少"吗？

爱德华：别开玩笑了。你还是说说中国人喜欢什么数字吧。

麦 克：我告诉你，你可别告诉别人。这是我的伟大发现，我正准备去申请专利呢。

爱德华：你快说吧，我不会告诉别人的。

麦 克：中国人最喜欢的数字是"八"。

爱德华：八？为什么喜欢"八"？

麦　克：中国人认为这个数字最吉利。

爱德华：“八”怎么吉利呢？

麦　克：你听！我说“八、八、八”……你能听出什么音来吗？

爱德华：“八、八、八”呀！

麦　克：你真笨啊！连这都听不出来。“八”的谐音不是“发”吗？“八、八、八”就是“发、发、发”呀。

爱德华：我怎么听不出来呢？

麦　克：你的汉语水平太低。汉语的“发”是什么意思你知道不？

爱德华：不知道。

麦　克：“发”就是“发财”。现在谁不想发财呀？发了财就可以买房子，买汽车，买巧克力，买土豆儿……想买什么就买什么。

爱德华：你胡说什么呀！

麦　克：只要有钱就能买好多好东西。

爱德华：我想起来了。我学过，中国人喜欢“518”这个数，也喜欢“五月十八号”这一天，因为“518”的谐音是“我要发”。

麦　克：对！对！怎么？你也知道啊！

爱德华：是啊，我还知道中国人也喜欢“六”和“九”。

麦　克：为什么？

爱德华：因为……哎，你不是“中国通”吗？怎么又问起我来了？

麦　克：我问你，你告诉我，我懂了不就“通”了吗？

爱德华：“九”与“长久”的“久”谐音。谁不希望友谊长久，爱情长久，活得长久啊？中国人还常说“六六大顺”。所以我知道中国人也喜欢“六”和“九”。

麦　克：你不笨啊！

爱德华：你才笨呢！

（二）宴会上的规矩 25-2

麦　克：中国人在宴会上的规矩可多了。

爱德华：都有什么规矩？

麦　克：首先，要请重要的客人、老师、领导和长辈坐上座。

爱德华：这是应该的。

麦　克：上菜时，如果是鱼的话，鱼头要对着上座，让重要的客人先吃第一口。喝酒的时候，大家都要先给他敬酒。

爱德华：上次我参加了一个中国朋友的婚礼，大家都让我先吃。是不是也把我看成重要的客人了？

麦　克：是。要是你到中国人家里去做客，他们就会准备好多菜，让你怎么也吃不完。给你敬酒的时候，一定要干杯，把杯子里的酒一口喝光。

爱德华：要是不会喝酒怎么办呢？

麦　克：那也没关系。他们会说“感情有，茶当酒”。你用茶代替就行了。

爱德华：你怎么知道得这么多啊！

麦　克：“中国通”嘛，当然知道得比你多了。

爱德华：哈哈！又吹起来了。

二　生词 Shēngcí　New Words

25-3

1.	数字	shùzì	（名）	number
2.	连……也……	lián……yě……		even...
3.	简单	jiǎndān	（形）	simple
4.	一半（儿）	yíbànr	（数）	one half
5.	中国通	zhōngguótōng		China hand, person with expert knowledge of China
	通	tōng	（尾、动）	expert; to know; to understand
6.	少	shào		young; younger
7.	可	kě	（副）	(*used for emphasis*) by all means
8.	别人	biéren	（代）	others; other people
9.	伟大	wěidà	（形）	great
10.	发现	fāxiàn	（动）	to find; to discover
11.	申请	shēnqǐng	（动）	to apply for
12.	专利	zhuānlì	（名）	patent
13.	认为	rènwéi	（动）	to think; to believe
14.	吉利	jílì	（形）	auspicious; propitious; lucky
15.	音	yīn	（名）	sound
16.	笨	bèn	（形）	stupid; foolish
17.	谐音	xiéyīn	（动）	to be homophonous
18.	发	fā	（动）	to get rich; to make a fortune
19.	巧克力	qiǎokèlì	（名）	chocolate
20.	土豆（儿）	tǔdòur	（名）	potato
21.	胡说	húshuō	（动）	to talk nonsense

22. 长久	chángjiǔ	（形）	permanent; long-lasting
23. 友谊	yǒuyì	（名）	friendship
24. 爱情	àiqíng	（名）	love (between lovers)
25. 活	huó	（动）	to live; to be alive
26. 顺	shùn	（形）	smooth
27. 宴会	yànhuì	（名）	banquet; dinner party
28. 规矩	guīju	（名）	rule; custom; established standard
29. 首先	shǒuxiān	（代）	first of all
30. 重要	zhòngyào	（形）	important
31. 领导	lǐngdǎo	（名）	leader
32. 长辈	zhǎngbèi	（名）	elder; senior
33. 上座	shàngzuò	（名）	seat of honor; VIP seat
34. 上菜	shàng cài		to serve dishes; to lay dishes on the table
35. 如果	rúguǒ	（连）	if; in case
36. 敬酒	jìng jiǔ		to propose a toast
37. 上次	shàng cì		last time
下次	xià cì		next time
38. 干杯	gān bēi	（动）	to drink a toast; bottoms up
39. 感情	gǎnqíng	（名）	feeling; emotion
40. 当	dàng	（动）	to serve as; to be
41. 代替	dàitì	（动）	to replace; to substitute
42. 哈	hā	（象）	(*sound of laughter*) ha-ha
43. 吹	chuī	（动）	to boast; to talk big; to brag

三 注释 Zhùshì　Notes

1 相声 crosstalk

中国人喜欢的一种艺术形式，用说笑话、说唱、问答等引起观众发笑，表演时常常两个人说，也可以一个人说或几个人说。

It is a popular performing art in China, which makes the audience laugh by means of jokes, singing and talking, and amusing dialogues, etc. It is usually performed by two people, sometimes also by one person alone or by several people.

2 什么话！ What does that mean?

"什么话"可以用来表示批评和责难，意思是"你不该说这种话"。

"什么话" may be used to criticize or reprimand someone. It means "You shouldn't have said that."

3 以后你什么问题不知道就来问我好了。Whenever you have a question in the future, just come to me.

"……好了"表示同意、赞成的语气。例如：

"……好了" expresses an agreeing and approving tone, e.g.

你想来就来好了。

4 笑一笑，十年少。 A good laugh makes you ten years younger.

汉语俗语。意思是笑可以使人变得年轻。

It is a Chinese saying, meaning happy laughs can make people young.

5 "六"与"九" six and nine

汉语的"六"的大写是"陆"(liù)，"陆"也念"lù"，与汉字"禄"是谐音字，"禄"是"富贵"的意思；"九"与"久"谐音，寓意"长久"。

所以，“六”与“九”也都被看作是吉利的数字。

The capital form of the Chinese number “六” (six) is “陆” (liù). It can also be read as “lù”, which is a homophone of “禄”, meaning “wealth and nobility”. “九” (nine) is a homophone of “久”, which means “long-lasting”. Consequently “六” and “九” are regarded by many people as lucky numbers.

四 语法 Yǔfǎ Grammar

1 反问句 Rhetorical questions

对已知或明显的事实，汉语常用反问句来强调肯定或否定，用来证明某事或反驳别人。反问句的意义和形式正好相反，否定形式强调肯定；肯定形式强调否定。

With a known or obvious fact, Chinese people often use rhetorical questions to emphasize affirmation or negation. This question form is used to prove something or refute somebody. The meaning is opposite to its form, i.e. the negative form emphasizes affirmation and the affirmative form emphasizes negation.

除了已学过的“不是……吗？”以外，反问句还有以下的形式：

Apart from “不是……吗?”, which we have already learned, there are also the following forms of rhetorical questions:

1 没 + 动词（词组）+ 吗？　没 + Verb (phrase) + 吗?

（1）这件事你没听说过吗？（你应该听说过。）

（2）你没看见吗？他就在这儿。（你应该看得见。）

2 用疑问代词反问　Rhetorical questions with interrogative pronouns

（1）你不告诉我，我怎么知道呢？（我不可能知道。）

（2）A：听说他去过美国。

B：他哪儿去过美国？（他没有去过美国。）

（3）好朋友邀请我，我怎么能不去呢？（当然要去。）

（4）A：你不是不去吗？

B：谁说我不去？（我当然去。）

（5）A：她去哪儿了？

B：谁知道她去哪儿了？（我不知道她去哪儿了。）

2 强调意义的表达：连……也/都…… Indicating emphasis: 连……也/都……

汉语常用“连……也/都……”这一结构表示强调。介词“连”引出要强调的部分（一般是极端的情况），后边用“也、都”与之呼应。隐含有比较的语意，表示强调的对象尚且如此，其他的就更不用说了。例如：

In Chinese, the construction “连……也/都……” is often used to express an emphatic tone. The preposition “连” introduces the emphasized part (usually an extreme case) and is followed by “也” or “都”. This construction implies a comparison, meaning “even the emphasized is like this, let alone the others”, e.g.

（1）来北京快半年了，她连长城也没去过。

（别的风景区更没去过了。）

（2）你怎么连这么简单的问题也不会回答？

（复杂的问题更不会回答了。）

（3）A：你读过这本书吗？

B：没有，我连这本书的名字都没听说过。（不可能读过。）

（4）A：你最近忙吗？

B：很忙，常常连星期日也不能休息。（平时更不能休息了。）

“连……也/都……”的“也”或“都”后边都可接否定句。后接肯定句时，通常用“连……都……”。例如：

Both "也" and "都" may be followed by a negative sentence. If followed by an affirmative sentence, "都", rather than "也", is usually used, e.g.

（1）连校长都参加了我们的联欢晚会。

（2）这么简单的问题连孩子都会回答。

3 强调肯定：二次否定 Emphasizing affirmation: Double negatives

汉语在一个句子中用两个否定词来强调肯定。例如：

In Chinese, the affirmative tone of a sentence may be emphasized by using two negatives, e.g.

（1）中国的事我没有不知道的。（我都知道。）

（2）你不能不去。（你必须去。）

五 练习 Liànxí Exercises

1 语音 Phonetics 25-4

（1）辨音辨调 Distinguish the pronunciations and tones

jílì	jīlì	guīju	guǐjì
jiǎndān	jiānduān	shùzì	shūzi
shēnqǐng	shénqíng	yǒuyì	yóuyù
zhǎngbèi	chángbèi	gǎnqíng	kànqīng

（2）朗读 Read out the following phrases

申请留学	申请护照	申请签证
工作顺利	旅行顺利	祝你顺利
吉利的数字	吉利的话	吉利的日子
跟你开玩笑	开了一个玩笑	喜欢跟别人开玩笑
谁说我不会	谁说我没来	我怎么知道

连一个汉字也不会写	连一句汉语也不会说
只要努力就能有好成绩	只要吃了这药你的病就能好

2 替换 Substitution exercises

（1）A：我不知道宴会上有什么规矩。

B：你不是“中国通”吗？（你应该知道。）

她叫什么名字	跟她在一个班
这个电影好不好	看过这个电影
那儿的情况	去过那儿
这个字念什么	学过汉语
她结婚了	她的好朋友

（2）A：你怎么连这个也不懂？

B：谁说我不懂？

这个	不知道
这个故事	没读过
这个题	不会做
长城	没去过
这个电影	没看过

（3）只要有钱就能买好多好东西。

你努力	能学好汉语
我有时间	一定参加
你去	一定能找到他
用一点儿时间	能看完
报名	可以参加太极拳比赛

（4）谁听了他的相声都会笑起来。

知道这件事	会告诉你
听到这件事	会很高兴
知道你来	会欢迎的
去过那儿	会喜欢那儿的风光
看了这个电影	会被感动

（5）A：你认识张东吗？

B：我连这个名字也没听说过。

听得懂中文广播	简单的汉语	听不懂
会中国书法	汉字	不会写
能喝白酒	啤酒	不能喝
去过上海	中国	没去过
会修车	开	不会开

3 选词填空 Choose the right words to fill in the blanks

感情　笨　认为　领导　首先　连　申请　玩笑　长久　简单

（1）我________法语的文字也不认识，更不要说看法语书了。

（2）这个问题很________，谁都会回答。

（3）中国人________“八”是个吉利的数字。

（4）他这个人就爱跟别人开________。

（5）我想向学校________再延长一年。

（6）希望我们两国人民________地友好下去。

（7）________让我来给大家介绍一下儿。

（8）今天的晚会，很多重要的国家________人都来了。

（9）刚来时，我一点儿也不习惯，现在我对这儿已经有了________，又不想离开了。

（10）我真________，怎么连这么简单的问题也答不出来？

4 画线组句 Match A and B to make up sentences

A	B
（1）只要你给我打电话 ·	·病很快就会好。
（2）只要你努力 ·	·我就一定来。
（3）只要汉语说得好 ·	·就一定能把汉语学好。
（4）只要吃了这种药 ·	·就能买到好东西。
（5）只要你告诉她 ·	·就能找到工作。
（6）只要有钱 ·	·她就会帮助你。

5 用反问句完成句子 Fill in the blanks with rhetorical questions

（1）A：来中国以前，她没学过汉语。

B：________________________________？（谁说……）

（2）A：你没看过这个电影，你怎么知道没有意思？

B：________________________________？（谁说……）

（3）A：你知道这件事儿吗？

B：________________________________？（怎么……）

（4）A：我的钥匙怎么找不到了？

B：________________________________？（不是……吗）

（5）A：听说小张在美国留过学。

B：________________________________？（哪里……）

（6）A：你知道玛丽去哪儿了吗？

B：________________？我今天一天都没看见她。

（谁……）

6 用"连……也/都……"回答问题 Answer the questions with "连……也/都……"

（1）A：听力考试难吗？

B：很难，________________。

（2）A：来中国以前你学过多长时间汉语？

B：________________。

（3）A：听说她结婚了。

B：胡说，________________，跟谁结婚呢？

（4）A：来中国以后你去旅行过几次？

B：________________。

（5）A：你看过这个电影吗？

B：________________。

（6）A：今天上课你来得早吗？

B：来得很早，我来时________________。

（7）A：她回国以后常跟你联系（liánxì, to contact）吗？

B：________________。

（8）A：这些书你看完几本了？

B：我刚借来，________________。

7 下列情景怎么说（用反问句）What do you say in the following situations (using rhetorical questions)

（1）朋友在找钥匙，你看他的钥匙就在桌子上，你告诉他。

（2）朋友问你的老师叫什么名字，你说不知道，你的朋友会怎么说？

（3）朋友问你桂林的风景怎么样，但是你没去过，怎么说？

（4）有人说你当过演员，但是你没有当过，怎么说？

（5）有人找玛丽，但玛丽不在，她问你，但你不知道，怎么说？

8 改错句 Correct the sentences

（1）你把生词不是要预习预习吗？

____

（2）我没见过她，怎么可能不认识她呢？

____

（3）这个演员很有名，我哪能知道呢？

____

（4）连我看得懂这本书，你一定看得懂。

____

（5）连她不会做这个题，我也不会。

____

（6）我以前连一次也没有来过中国。

____

9 综合填空 Fill in the blanks

补充生词 Supplementary words

①	牌照	páizhào	license plate
②	伤疤	shāngbā	scar
③	流氓	liúmáng	rogue; hooligan
④	流浪	liúlàng	to lead a vagrant life
⑤	九泉	jiǔquán	netherworld
⑥	死	sǐ	to die
⑦	救济	jiùjì	to relieve; to give financial help to
⑧	救命	jiù mìng	to save sb.'s life
⑨	污染	wūrǎn	to pollute
⑩	凄惨	qīcǎn	wretched; miserable
⑪	散	sàn	to separate
⑫	二流子	èrliúzi	loafer; idler
⑬	二百五	èrbǎiwǔ	stupid person
⑭	低人一等	dī rén yì děng	inferior to others
⑮	糊涂	hútu	muddled; silly
⑯	一团糟	yìtuánzāo	complete mess; chaos
⑰	一场空	yìchángkōng	all in vain
⑱	贬义词	biǎnyìcí	derogatory term
⑲	夭折	yāozhé	to die young
⑳	灵堂	língtáng	mourning hall
㉑	灵车	língchē	hearse
㉒	牙	yá	tooth

㉓ 揉	róu	to rub; to crumple up
㉔ 抓	zhuā	to catch; to grab
㉕ 窗口	chuāngkǒu	window

哪个数字最吉利

看到很多朋友买了汽车，李四也买了一辆。去办理牌照的时候，工作人员①________他说，如果多交100块钱，车牌的最后一个号码可以随便挑。李四就多交了100块钱。

工作人员说："从0到3，从5到9，您选哪个数字呀？"

李四说："我自己决定不②________，让我跟妻子商量商量，一会儿我再来告诉您。"

工作人员笑着说："您快点儿啊。"

李四说一会儿就来。

李四回到家，对妻子讲了挑号码的事。妻子说："就挑8嘛，还跟我商量什么？这几年只要带8的东西都卖得快，这个数字最吉利。"

李四说："8跟伤疤的'疤'同音，不太好。我看6比较合适，六六大顺，你看行不行？"

妻子说："6和'流'谐音，流氓、流浪，多难听。我看9这个数不错，你说呢？"

李四说："9好什么？九泉，人一死就说去了九泉。9又和'救'谐音，救济、救命，都是不吉利的词。还是5吧，你看5怎么样？"

妻子说："5更不好了！要是倒数第二位是2、7、8的话，你念念，不就成了'儿无、妻无、爸无'了吗？另外，5与污染的'污'谐音，不干净。不能要5，还是7这个数合适。"

李四说："7和'凄惨'的'凄'同音，也不好。"

妻子说："选3行不行？"

李四摇摇③________说："3就是散，就是离婚，多不吉利呀！你想想2可以不可以？"

妻子分析说："二流子、二百五，都和2有关。2和'儿'谐音，当儿子有低人一等的感觉。不行，不行。"

李四说："那就选1吧。"

妻子说："你怎么糊涂了？1是什么好数字呀？一团糟、一场空，1的贬义词太多。"

李四说："没关系，在车牌号中人们不说一，说幺（yāo）。"

妻子说："那就更不好了，'幺'和'夭'同音，夭折不就是死了吗？这个更不行了。"

李四说："那就选0吧，0怎么看都是0，永远不会看错。"

妻子说："0和'灵'同音，灵堂、灵车，都和死人④________关系，最不吉利了。"

李四说："那就只有4了，我认为这个数字不坏，四季发财，我李四从小到大，平安无事地长这么大，就是和'4'有关系。"

妻子说："别说了，4就是死，谁不知道这是个倒霉的数字？我们要选这个数，人家会笑掉牙的。"

李四说："0到9我们都研究过了，都不行，你说怎么办？"

妻子说："从0到9，每张纸上各写一个数字，揉成纸团，抓到哪个是⑤________吧。"

李四说："这个办法不错。"妻子写好10个数字，⑥________纸团放在一起，随便抓了一个，打开一看……

妻子伤心地哭⑦________。

李四又来到办牌照的窗口前，把纸上的数字给工作人员看了一下儿，说："就要这个数。"

工作人员办完手续后又把 100 块钱还⑧________了李四。
李四问："这 100 块钱怎么又还给我了？"
工作人员说："你选的这个数不加钱。"

10 交际会话 Communication

（1）敬酒 Proposing a toast

A：来，我敬您一杯。
B：谢谢！
A：祝您健康快乐！干杯！
B：干杯！

（2）责备 Blaming

① A：你怎么能这样说话？
B：对不起，我说错了。

② A：这件事儿你为什么不告诉我？我们不是好朋友吗？
B：我不想让你知道。
A：你不相信我吗？
B：不是。

11 写汉字 Write the characters

jí	一 十 士 吉 吉 吉
吉	

chuī	丨 冂 口 口' 口𠂉 吹 吹
吹	

shēn	丨 冂 日 曰 申
申	
wěi	丿 亻 亻 亻 伟 伟
伟	
jiǎn	丿 𠂉 𥫗 𥫗 𥫗 𥫗 𥫗 竹 筒 筒 简 简 简
简	
dān	丶 丷 丷 当 当 当 单 单
单	
lián	一 七 车 车 连 连 连
连	
lǐng	丿 人 人 今 今 令 令 邻 领 领 领
领	
xiàn	一 二 干 王 玑 玑 现 现
现	
bèn	丿 𠂉 𥫗 𥫗 𥫗 𥫗 𥫗 竺 竺 笨 笨
笨	
hú	一 十 古 古 古 古 胡 胡 胡
胡	
bèi	丨 丨 彐 彐 非 非 非 非 非 辈 辈 辈
辈	

hā	丨 ㄇ 口 叺 叺 哈 哈 哈 哈
哈	

qíng	丶 丷 忄 忄 忄 忄 忄 情 情 情 情
情	

yì	丶 讠 讠 讠 讠 讠 讠 谊 谊 谊
谊	

词汇表

Vocabulary

A	唉	ài	（叹）	*an interjection expressing sadness or regret*	19
	爱情	àiqíng	（名）	love (between lovers)	25
	安全	ānquán	（形）	safe; secure	18
	安全带	ānquándài	（名）	safety belt; seat belt	18
	暗	àn	（形）	dim; dark	18
B	拔	bá	（动）	to pull out; to pluck	14
	把	bǎ	（介）	*used when the object is placed before the verb and is the recipient of the action*	17
	摆	bǎi	（动）	to put; to place	15
	扳	bān	（动）	to change the direction of a fixed object; to turn	18
	班长	bānzhǎng	（名）	class monitor	17
	搬	bān	（动）	to move	16
	搬家	bān jiā	（动）	to move house	22
	办理	bànlǐ	（动）	to handle; to go through	18
	保证	bǎozhèng	（动）	to guarantee	13
	抱	bào	（动）	to hold; to carry in one's arms	24
	杯子	bēizi	（名）	cup	18
	碑林	bēilín	（名）	stele forest	23
	背	bèi	（动）	to recite from memory; to learn by heart	21
	被	bèi	（介）	by	19
	笨	bèn	（形）	stupid; foolish	25
	比	bǐ	（动）	to compare	21

闭	bì	（动）	to close	13
表现	biǎoxiàn	（动）	to show; to display; to manifest	20
别人	biéren	（代）	others; other people	25
别提了	biétí le		don't mention it	13
冰灯	bīngdēng	（名）	ice lantern	23
冰雕	bīngdiāo	（名）	ice sculpture; ice carving	23
冰箱	bīngxiāng	（名）	refrigerator	17
兵马俑	bīngmǎyǒng	（名）	terracotta warriors and horses	23
不要紧	bú yàojǐn		not serious; doesn't matter	19
不好意思	bù hǎoyìsi		to feel sorry	19
不久	bùjiǔ	（形）	soon; before long; not long after	22
布置	bùzhì	（动）	to fix up; to arrange; to decorate	17
步	bù	（名）	step	14
C 擦	cā	（动）	to wipe; to rub	17
猜	cāi	（动）	to guess	20
彩带	cǎidài	（名）	colored ribbon/streamer	17
彩灯	cǎidēng	（名）	colored light/lamp	17
插	chā	（动）	to stick in; to insert	14
插头	chātóu	（名）	plug	18
差（一）点儿	chà (yì) diǎnr	（副）	nearly; almost	13
长久	chángjiǔ	（形）	permanent; long-lasting	25
尝	cháng	（动）	to taste	16
成立	chénglì	（动）	to set up; to found	22
抽	chōu	（动）	to take out from in between; to take a part of the whole	14
抽	chōu	（动）	to draw; to pump	19
抽	chōu	（动）	to find (time)	22
抽烟	chōu yān		to smoke	19
出汗	chū hàn		to sweat	21

出门	chū mén	（动）	to go out; to leave home	16
除了……以外	chúle……yǐwài		besides; apart from	14
穿	chuān	（动）	to wear (clothes)	15
传统	chuántǒng	（形、名）	traditional; tradition	20
船	chuán	（名）	boat; ship	23
喘气	chuǎn qì	（动）	to breathe; to pant	21
串（儿）	chuànr	（量）	string; bunch; cluster	14
窗	chuāng	（名）	window	17
窗户	chuānghu	（名）	window	17
吹	chuī	（动）	to boast; to talk big; to brag	25
寸	cùn	（量）	*a unit of length* (=1/30 meter)	13
D 答应	dāying	（动）	to agree; to permit	17
打扮	dǎban	（动）	to dress up; to make up	16
打的	dǎ dī	（动）	to take a taxi	16
打扫	dǎsǎo	（动）	to sweep; to clean	17
待	dāi	（动）	to stay	22
代替	dàitì	（动）	to replace; to substitute	25
带	dài	（名）	belt	18
戴	dài	（动）	to wear (accessories)	15
担心	dān xīn	（动）	to be anxious about; to worry about	20
当	dàng	（动）	to serve as; to be	25
倒	dǎo	（动）	to fall; to topple; to tumble down	19
倒霉	dǎo méi	（形）	unlucky	13
到处	dàochù	（副）	at all places; everywhere	24
到底	dào dǐ	（动）	to the end; to the finish	21
倒	dào	（动）	to pour	15
倒	dào	（动）	to invert; to turn upside down	17

的话	dehuà	（助）	(*used at the end of a conditional clause*) if	20
灯笼	dēnglong	（名）	lantern	15
登机	dēng jī		to board a plane	18
登机牌（儿）	dēngjīpáir	（名）	boarding pass	18
地上	dìshang	（名）	on the ground	13
地位	dìwèi	（名）	status	20
地址	dìzhǐ	（名）	address	22
点	diǎn	（动）	to light; to kindle	19
点（菜）	diǎn(cài)	（动）	to order (food in a restaurant)	23
电台	diàntái	（名）	radio station	22
电梯	diàntī	（名）	lift; elevator	14
掉	diào	（动）	to drop	13
动	dòng	（动）	to move	21
动作	dòngzuò	（名）	movement; motion	20
对	duì	（量）	couple; pair	24
对联（儿）	duìliánr	（名）	antithetical couplet	17
F 发	fā	（动）	to get rich; to make a fortune	25
发生	fāshēng	（动）	to happen; to take place	24
发现	fāxiàn	（动）	to find; to discover	25
发展	fāzhǎn	（动）	to develop	13
罚	fá	（动）	to punish; to fine	19
饭馆（儿）	fànguǎnr	（名）	restaurant	14
放	fàng	（动）	to stop (study, work, etc.); to have a holiday	14
放大	fàngdà	（动）	to magnify; to enlarge; to blow up	13
放寒假	fàng hánjià		to take one's winter vacation	14
份	fèn	（量）	share; portion; part	17
丰富	fēngfù	（形）	rich; plentiful	16

风俗	fēngsú	（名）	custom	23
夫妻	fūqī	（名）	husband and wife	24
扶	fú	（动）	to assist; to support with the hand	24
扶手	fúshǒu	（名）	armrest	18
服务员	fúwùyuán	（名）	waiter/waitress; service staff	15
服装	fúzhuāng	（名）	clothing; costume	20
幅	fú	（量）	*a measure word for paintings, calligraphy works, etc.*	17
福	fú	（名）	happiness; good fortune; blessing	17
副	fù	（量）	pair	15
G				
盖	gài	（动）	to construct; to build	16
干杯	gān bēi	（动）	to drink a toast; bottoms up	25
赶快	gǎnkuài	（副）	hurriedly; quickly	13
敢	gǎn	（能愿）	dare	24
感动	gǎndòng	（形、动）	moved; touched; to affect; to move	24
感情	gǎnqíng	（名）	feeling; emotion	25
感想	gǎnxiǎng	（名）	impressions; thoughts	16
干	gàn	（动）	to do	15
搞	gǎo	（动）	to do; to engage in	22
告诉	gàosu	（动）	to tell; to inform; to let know	17
个子	gèzi	（名）	height; stature	15
各	gè	（代）	various; different	14
各种各样	gèzhǒng-gèyàng		all kinds of	14
估计	gūjì	（动）	to reckon; to estimate	20
古代	gǔdài	（名）	ancient times	20
骨头	gǔtou	（名）	bone	19
故意	gùyì	（副）	on purpose	19
挂	guà	（动）	to hang	15

管理	guǎnlǐ	（动）	to manage	17
管理员	guǎnlǐyuán	（名）	custodian; manager	17
光	guāng	（形）	used up; empty	22
广播	guǎngbō	（名）	radio; broadcast	22
规矩	guīju	（名）	rule; custom; established standard	25
规则	guīzé	（名）	rule; regulation	13
滚	gǔn	（动）	to roll	24
国际	guójì	（形）	international	22
过奖	guòjiǎng	（动）	to flatter	24
H 哈	hā	（象）	(*sound of laughter*) ha-ha	25
寒假	hánjià	（名）	winter vacation	14
汗	hàn	（名）	sweat	21
行业	hángyè	（名）	trade; profession	17
好吃	hǎochī	（形）	delicious; tasty	23
好玩儿	hǎowánr	（形）	fun; amusing	23
合同	hétong	（名）	contract	22
合资	hézī	（动）	joint venture	22
黑板	hēibǎn	（名）	blackboard	17
忽然	hūrán	（副）	suddenly	14
胡说	húshuō	（动）	to talk nonsense	25
护照	hùzhào	（名）	passport	18
花	huā	（动）	to spend	19
画家	huàjiā	（名）	painter; artist	24
话剧	huàjù	（名）	drama; stage play	21
欢乐	huānlè	（形）	happy; joyous	16
回去	huiqu	（动）	(*used after a verb to express a sense of returning*) back; to go back; to return	14
会场	huìchǎng	（名）	meeting venue	17

会议厅	huìyìtīng	（名）	conference hall; assembly hall	15
婚礼	hūnlǐ	（名）	wedding	15
活	huó	（动）	to live; to be alive	25

J

机场	jīchǎng	（名）	airport	19
机票	jīpiào	（名）	air ticket	18
积极	jījí	（形）	active	21
基础	jīchǔ	（名）	foundation; basis	22
吉利	jílì	（形）	auspicious; propitious; lucky	25
吉祥	jíxiáng	（形）	auspicious; lucky	17
计划	jìhuà	（名、动）	plan; to plan	23
系	jì	（动）	to tie	15
继续	jìxù	（动）	to continue; to go on with	22
加油（儿）	jiā yóur	（动）	(*used to cheer sb. on*) to come on; to make more efforts	21
甲	jiǎ		first; number one	23
简单	jiǎndān	（形）	simple	25
建	jiàn	（动）	to build; to construct	16
建议	jiànyì	（名、动）	advice; suggestion; to advise; to suggest	16
讲话	jiǎng huà	（动）	to speak; to talk	15
交流	jiāoliú	（动）	to communicate	22
脚	jiǎo	（名）	foot	24
叫	jiào	（介）	by	19
叫作	jiàozuò	（动）	to be called; to be known as	24
结	jiē	（动）	to bear (fruit)	16
接着	jiēzhe	（副）	following (an action); carrying on (an action)	21
街	jiē	（名）	street	19
节目单	jiémùdān	（名）	playbill; menu	20

节日	jiérì	（名）	festival; holiday	16
戒	jiè	（动）	to give up; to quit	19
戒烟	jiè yān		to give up smoking	19
进去	jìnqu	（动）	to enter	14
惊喜	jīngxǐ	（名）	pleasant surprise	17
精彩	jīngcǎi	（形）	wonderful; splendid	20
警察	jǐngchá	（名）	police	24
敬酒	jìng jiǔ		to propose a toast	25
纠正	jiūzhèng	（动）	to correct	21
句	jù	（量）	*a measure word for sentences*	24
剧场	jùchǎng	（名）	theater	19
决定	juédìng	（动、名）	to decide; decision	19
K 开	kāi	（动）	to hold (a meeting, symposium, etc.)	16
开	kāi	（动）	to bloom	17
开关	kāiguān	（名）	switch	18
开玩笑	kāi wánxiào		to crack a joke; to be kidding	23
开心	kāixīn	（形）	happy; glad	23
开演	kāiyǎn	（动）	(of a play, movie, etc.) to begin	20
开展	kāizhǎn	（动）	to start; to launch	22
看样子	kàn yàngzi		it seems that...	24
扛	káng	（动）	to carry (on one's shoulder); to shoulder	15
棵	kē	（量）	*a measure word for plants, etc.*	16
可	kě	（副）	to need (to do); to be worth (doing)	24
可	kě	（副）	(*used for emphasis*) by all means	25
可不是	kěbúshi	（副）	(*expressing agreement*) right; exactly	17
可气	kěqì	（形）	annoying	19

渴	kě	（形）	thirsty	23
客人	kèrén	（名）	guest	15
肯定	kěndìng	（副）	definitely	14
空	kōng	（形）	vacant; unoccupied	16
空姐	kōngjiě	（名）	air hostess	18
空调	kōngtiáo	（名）	air conditioner	17
恐怕	kǒngpà	（副）	afraid that...; probably; maybe	21
空儿	kòngr	（名）	free time	22
哭笑不得	kūxiào-bùdé		to not know whether to laugh or to cry; to find sth. both funny and annoying	14
困	kùn	（形）	sleepy	14
困难	kùnnan	（名）	difficulty; trouble	24
L 拉	lā	（动）	to carry; to transport	19
辣子鸡丁	làzi jīdīng		diced chicken with chili	23
来往	láiwǎng	（动）	to come and go	24
缆车	lǎnchē	（名）	cable car	21
浪费	làngfèi	（动）	to waste	19
老人	lǎorén	（名）	old person	24
累	lèi	（形）	tired	14
离开	lí kāi	（动）	to leave	16
礼品	lǐpǐn	（名）	present; gift	14
礼物	lǐwù	（名）	present; gift	16
立即	lìjí	（副）	immediately; at once	24
连……也……	lián……yě……		even...	25
联欢会	liánhuānhuì	（名）	get-together; party	16
脸谱	liǎnpǔ	（名）	facial makeup	14
凉	liáng	（形）	cool; cold	18

	了	liǎo	（动）	(*used in conjunction with* “得” *or* “不” *after a verb to express possibility*) can	20
	了解	liǎojiě	（动）	to understand; to know	20
	淋	lín	（动）	to pour; to drench	19
	零下	líng xià		below zero	23
	领带	lǐngdài	（名）	necktie	15
	领导	lǐngdǎo	（名）	leader	25
	另	lìng	（代）	other; another	14
	另外	lìngwài	（代）	in addition; besides	14
	流	liú	（动）	to shed; to flow	19
	楼梯	lóutī	（名）	stairs; stairway	14
	路线	lùxiàn	（名）	route	23
	落汤鸡	luòtāngjī	（名）	(of a person) like a drenched chicken; to be soaked through	19
M	麦克风	màikèfēng	（名）	microphone	15
	满	mǎn	（形）	full; filled	20
	梅	méi	（名）	plum; plum blossom	24
	棉袄	mián'ǎo	（名）	cotton-padded jacket	15
	面前	miànqián	（名）	in front of; before	24
	民族	mínzú	（名）	nationality; ethnic group	23
N	内容	nèiróng	（名）	content; substance	20
	女士	nǚshì	（名）	lady; madam	15
O	哦	ò	（叹）	(*expressing realization or understanding*) oh	17
P	怕	pà	（动）	to fear; to be afraid of	21
	排	pái	（量）	row; line	20
	排练	páiliàn	（动）	to rehearse	21
	盘	pán	（量）	plate; dish	14

碰	pèng	（动）	to come across; to run into	13
骗	piàn	（动）	to lie; to deceive	19
票	piào	（名）	ticket	18
品尝	pǐncháng	（动）	to taste	17
Q 起	qǐ	（量）	*a measure word for accidents, etc.*	13
起飞	qǐfēi	（动）	to take off	18
起来	qilai	（动）	*used after a verb to indicate the completion of an action*	14
气氛	qìfēn	（名）	atmosphere; ambience	15
卡子	qiǎzi	（名）	buckle	18
签	qiān	（动）	to sign	22
钱包（儿）	qiánbāor	（名）	wallet; purse	19
墙	qiáng	（名）	wall	15
巧克力	qiǎokèlì	（名）	chocolate	25
亲手	qīnshǒu	（副）	with one's own hands; in person	17
情景	qíngjǐng	（名）	scene; sight	24
却	què	（副）	but; however	14
裙子	qúnzi	（名）	skirt	15
R 让	ràng	（介）	by	19
热闹	rènao	（形）	lively; bustling	15
热情	rèqíng	（形）	warm-hearted; enthusiastic	15
人间	rénjiān	（名）	world; human world	20
人们	rénmen	（名）	people	16
人物	rénwù	（名）	character; person in a book, play, etc.	20
认为	rènwéi	（动）	to think; to believe	25
如果	rúguǒ	（连）	if; in case	25
S 洒	sǎ	（动）	to spill	18
沙发	shāfā	（名）	sofa	17

傻	shǎ	（形）	brainless; foolish; stupid	19
山水	shānshuǐ	（名）	mountains and rivers; scenery	23
删	shān	（动）	to delete	13
伤	shāng	（动）	to hurt; to injure	19
商场	shāngchǎng	（名）	shopping mall	14
商品	shāngpǐn	（名）	commodity; goods	14
上班	shàng bān	（动）	to go to work	13
上菜	shàng cài		to serve dishes; to lay dishes on the table	25
上次	shàng cì		last time	25
上街	shàng jiē		to go to the street	19
上座	shàngzuò	（名）	seat of honor; VIP seat	25
少数	shǎoshù	（名）	minority	23
少	shào		young; younger	25
舍不得	shěbude	（动）	to be loath to use or part with; to grudge	16
社会	shèhuì	（名）	society	20
摄像机	shèxiàngjī	（名）	video camera	15
申请	shēnqǐng	（动）	to apply for	25
伸	shēn	（动）	to reach; to stretch	24
神话	shénhuà	（名）	mythology; myth	20
声音	shēngyīn	（名）	sound; voice	17
圣诞树	shèngdànshù	（名）	Christmas tree	16
胜利	shènglì	（动）	to succeed; to win a victory	21
湿	shī	（形）	wet; moist; damp; humid	19
十分	shífēn	（副）	quite; very	20
十字路口(儿)	shízì lùkǒur		intersection; crossroads	24
世上	shìshàng	（名）	in the world; on earth	21
……似的	……shìde	（助）	like...; as if...	19

事故	shìgù	（名）	accident	13
饰物	shìwù	（名）	articles for personal adornment; ornament	14
手续	shǒuxù	（名）	procedures; formalities	18
首都	shǒudū	（名）	capital (of a country)	19
首先	shǒuxiān	（代）	first of all	25
受	shòu	（动）	to receive; to suffer	19
受骗	shòu piàn	（动）	to be deceived; to be fooled	19
受伤	shòu shāng	（动）	to be injured; to be wounded	21
售货员	shòuhuòyuán	（名）	shop assistant	14
书架	shūjià	（名）	bookshelf	14
叔叔	shūshu	（名）	uncle; form of address for a man about one's father's age	24
熟	shú	（形）	familiar	22
暑假	shǔjià	（名）	summer vacation	14
数字	shùzì	（名）	number	25
摔	shuāi	（动）	to fall; to tumble	13
摔跤	shuāi jiāo	（动）	to have a fall; to lose one's balance	13
帅	shuài	（形）	handsome	15
双	shuāng	（形）	two; double	15
水仙	shuǐxiān	（名）	narcissus	17
顺	shùn	（形）	smooth	25
司机	sījī	（名）	driver	19
丝织品	sīzhīpǐn	（名）	silk fabric	14
四合院（儿）	sìhéyuànr	（名）	quadrangle, a traditional residential compound with houses around a square courtyard	16
松	sōng	（名）	pine	24
算命	suàn mìng	（动）	(*superstition*) to tell sb.'s fortune	19

随便	suíbiàn	（形）	casual; informal	16
岁寒三友	suì hán sān yǒu		the three friends in cold weather	24
T 它	tā	（代）	it	17
台词	táicí	（名）	actor's lines	21
糖醋鱼	tángcùyú		sweet and sour fish	23
躺	tǎng	（动）	to lie on one's back	19
掏	tāo	（动）	to draw out; to pull out; to fish out	18
特色	tèsè	（名）	salient feature; hallmark	17
提	tí	（动）	to carry (in one's hand with the arm hanging down)	14
提	tí	（动）	to raise; to bring up	16
体会	tǐhuì	（名、动）	understanding; feeling; to know from experience	16
天上	tiānshàng	（名）	sky; heaven	20
天堂	tiāntáng	（名）	paradise; heaven	23
天下	tiānxià	（名）	world; country	23
甜	tián	（形）	sweet	16
挑	tiāo	（动）	to choose; to select; to pick out	14
厅	tīng	（名）	hall	15
停	tíng	（动）	to stop	15
通	tōng	（尾、动）	expert; to know; to understand	25
同意	tóngyì	（动）	to agree	22
偷	tōu	（动）	to steal	19
偷偷（儿）	tōutōur	（副）	stealthily; covertly	20
图	tú	（名）	picture; painting	24
图书	túshū	（名）	book	14
图书城	túshūchéng	（名）	book mall	14
土豆（儿）	tǔdòur	（名）	potato	25

	腿	tuǐ	（名）	leg	19
	腿脚	tuǐjiǎo	（名）	legs and feet; ability to walk	24
	托运	tuōyùn	（动）	to consign for shipment; to check in (baggage)	18
W	外地	wàidì	（名）	other parts of the country	23
	弯	wān	（动、形）	to bend; to curl; crooked	24
	玩具	wánjù	（名）	toy	14
	玩笑	wánxiào	（名）	joke	23
	危险	wēixiǎn	（形、名）	dangerous; danger	21
	维修	wéixiū	（动）	to maintain and repair	14
	伟大	wěidà	（形）	great	25
	无	wú	（动）	to not have; there is not	21
	武打	wǔdǎ	（名）	acrobatic fighting	20
X	西服	xīfú	（名）	Western suit	15
	洗	xǐ	（动）	to develop (film)	13
	洗衣机	xǐyījī	（名）	washing machine	17
	喜	xǐ		happy; celebratory	15
	下	xià	（动）	*used after a verb to indicate room or space*	20
	下班	xià bān	（动）	to get off work	13
	下次	xià cì		next time	25
	下来	xialai	（动）	*used after a verb to indicate motion towards a lower or nearer position*	14
	仙女	xiānnǚ	（名）	fairy maiden; female immortal	20
	现代化	xiàndàihuà	（动）	to modernize	16
	羡慕	xiànmù	（动）	to admire; to envy	20
	相信	xiāngxìn	（动）	to believe	21
	相声	xiàngsheng	（名）	crosstalk; comic dialogue	21
	小伙儿	xiǎohuǒr	（名）	young man; lad	15

小伙子	xiǎohuǒzi	（名）	young man; lad	15
小区	xiǎoqū	（名）	residential complex; housing estate	16
小说（儿）	xiǎoshuōr	（名）	novel	14
小偷（儿）	xiǎotōur	（名）	thief	19
小心	xiǎoxīn	（形、动）	cautious; to be careful	19
谐音	xiéyīn	（动）	to be homophonous	25
鞋	xié	（名）	shoe	24
鞋带（儿）	xiédàir	（名）	shoelace	24
血	xiě	（名）	blood	19
心	xīn	（名）	heart	21
新春	xīnchūn	（名）	(new) spring; Lunar New Year and the following days	17
新郎	xīnláng	（名）	bridegroom	15
新年	xīnnián	（名）	new year; New Year's Day	16
新娘	xīnniáng	（名）	bride	15
兴奋	xīngfèn	（形）	excited	14
兴旺	xīngwàng	（形）	prosperous	17
行李	xíngli	（名）	baggage; luggage	18
幸福	xìngfú	（名、形）	happiness; happy; fortunate	17
性格	xìnggé	（名）	temperament; disposition; personality	20
熊猫	xióngmāo	（名）	panda	14
修	xiū	（动）	to repair	14
虚	xū	（形）	unclear; blurred	13
选	xuǎn	（动）	to choose; to select; to pick out	13
Y 烟	yān	（名）	cigarette	19
眼镜（儿）	yǎnjìngr	（名）	glasses	13
演	yǎn	（动）	to play; to act; to perform	21
演出	yǎnchū	（动）	to perform; to put on a show	20

演员	yǎnyuán	（名）	actor; actress	20
宴会	yànhuì	（名）	banquet; dinner party	25
样	yàng	（量）	kind; type	14
样（子）	yàng(zi)	（名）	appearance	15
腰	yāo	（名）	waist	24
邀请	yāoqǐng	（动）	to invite	22
要紧	yàojǐn	（形）	serious	19
钥匙	yàoshi	（名）	key	14
钥匙链（儿）	yàoshiliànr	（名）	key chain	14
业务	yèwù	（名）	business	22
一半（儿）	yíbànr	（数）	one half	25
一定	yídìng	（形）	proper; fair; considerable	22
一下子	yíxiàzi	（副）	in a short while; all at once; all of a sudden	22
遗憾	yíhàn	（形）	sorry; regretful	16
椅子	yǐzi	（名）	chair	17
一边……一边……	yìbiān……yìbiān……		*indicating two actions taking place at the same time*	23
艺术	yìshù	（名）	art	20
意见	yìjiàn	（名）	opinion; complaint	16
意义	yìyì	（名）	meaning; significance	23
音	yīn	（名）	sound	25
音响	yīnxiǎng	（名）	stereo system	17
引起	yǐnqǐ	（动）	to cause; to lead to	13
影响	yǐngxiǎng	（动、名）	to influence; influence	20
应	yìng	（动）	to accept (an invitation)	22
硬币	yìngbì	（名）	coin	18
拥挤	yōngjǐ	（动、形）	to be crowded; crowded	13

油画	yóuhuà	（名）	oil painting	13
游览	yóulǎn	（动）	to go sightseeing	23
友谊	yǒuyì	（名）	friendship	25
有趣	yǒuqù	（形）	interesting; amusing	20
于是	yúshì	（连）	so; hence; thereupon	14
遇到	yùdào		to come across; to encounter	19
原因	yuányīn	（名）	reason	13
圆圈（儿）	yuánquānr	（名）	circle; ring	17
院子	yuànzi	（名）	yard; courtyard	16
约	yuē	（动）	to make an appointment in advance; to invite in advance	20
越……越……	yuè……yuè……		the more... the more...	16
越来越	yuèláiyuè		more and more; increasingly	16
运气	yùnqi	（名）	luck	19

Z

枣	zǎo	（名）	jujube; (Chinese) date	16
造成	zàochéng	（动）	to cause; to bring about	13
长	zhǎng	（动）	to look; to appear	15
长辈	zhǎngbèi	（名）	elder; senior	25
照	zhào	（动）	to take (a photo)	13
照顾	zhàogù	（动）	to take care of	24
着	zhe	（助）	*indicating the continuation of an action or a state*	15
争取	zhēngqǔ	（动）	to strive for; to try to realize	21
整整	zhěngzhěng	（副）	full; whole	13
之一	zhī yī		one of	13
值得	zhí dé	（动）	to be worth	23
只好	zhǐhǎo	（副）	have to; cannot but	14

只要…… 就……	zhǐyào…… jiù……		as long as... will...	21
只有…… 才……	zhǐyǒu…… cái……		only if... can...	22
纸	zhǐ	（名）	paper	14
纸箱	zhǐxiāng	（名）	carton	14
中国通	zhōngguótōng		China hand, person with expert knowledge of China	25
中外	zhōngwài	（名）	China and foreign countries	22
种	zhòng	（动）	to plant; to grow	16
重要	zhòngyào	（形）	important	25
周	zhōu	（名）	week	23
竹	zhú	（名）	bamboo	24
主持	zhǔchí	（动）	to host; to preside over	15
主持人	zhǔchírén	（名）	presenter; archorperson	15
主要	zhǔyào	（形）	main	13
住宅	zhùzhái	（名）	residence; dwelling	16
专利	zhuānlì	（名）	patent	25
装	zhuāng	（动）	to load; to pack; to hold	18
装饰	zhuāngshì	（动、名）	to decorate; decoration	16
撞	zhuàng	（动）	to knock; to collide; to bump against	19
桌子	zhuōzi	（名）	table; desk	17
仔细	zǐxì	（形）	careful; attentive	17
自信	zìxìn	（名、形）	self-confidence; confident	21
字	zì	（名）	word; character	17
字画	zìhuà	（名）	calligraphy and painting	24
最好	zuìhǎo	（副）	had better; it would be best	17
遵守	zūnshǒu	（动）	to abide by	13

左右	zuǒyòu	（名）	(*used after a numeral to indicate an approximate number*) about; or so	15
做客	zuò kè	（动）	to be a guest	22

专有名词
Proper Nouns

安娜	Ānnà	Anna	17
保罗	Bǎoluó	Paul	22
长江	Cháng Jiāng	Chang Jiang (Yangtze) River	23
重庆	Chóngqìng	Chongqing, a city in China	23
春节	Chūnjié	Spring Festival, the first day of the first month in the Chinese lunar calendar	16
大山	Dàshān	Dashan, name of a person	19
关建平	Guān Jiànpíng	Guan Jianping, name of a person	18
桂林	Guìlín	Guilin, a city in Guangxi Province	23
海伦	Hǎilún	Helen	22
杭州	Hángzhōu	Hangzhou, capital of Zhejiang Province	23
兰笛	Lándí	Randi	24
李美英	Lǐ Měiyīng	Li Meiying, name of a person	17
三峡	Sānxiá	Three Gorges (along the Yangtze River)	23

圣诞	Shèngdàn	Christmas	16
圣诞节	Shèngdàn Jié	Christmas	16
苏州	Sūzhōu	Suzhou, a city in Jiangsu Province	23
夏雨	Xià Yǔ	Xia Yu, name of a person	18
谢大力	Xiè Dàlì	Xie Dali, name of a person	24
云南	Yúnnán	Yunnan Province	23